Susanne Erhart & der Christian Tschepp

Das macht Sinn!
Das Erlebnis-Lern-Spiel-Buch über unsere 5 Sinne und wie sie sich im Alter verändern!

erschienen bei **JUNFERMANN**

© Junfermann Verlag, Paderborn 2004
Alle Rechte vorbehalten

die Autoren: **Susanne Erhart & der Christian Tschepp**
wissenschaftliche Begleitung: **Dr. Christa Erhart** – Landesklinik für Geriatrie, Salzburg
Illustrationen: **der Christian Tschepp**
Layout, DTP: **Susanne Erhart & der Christian Tschepp**
Fotos: **P. Hutter**

Gesamtherstellung: **die works! denkwerkstatt**
Druck: **Media Print**, Paderborn
ISBN: 3-87387-559-4

Bibliografische Information der Deutschen Bibliothek
Die Deutsche Bibliothek verzeichnet diese Publikation in der Deutschen Nationalbibliografie;
detaillierte bibliografische Daten sind im Internet über http://dnb.ddb.de abrufbar

Wir haben **alle Experimente getestet** und dort, wo es für Kinder gefährlich werden könnte, darauf hingewiesen, dass das Experiment nur **im Beisein von Erwachsenen** durchgeführt werden soll.

ein Wort *davor*

Ein Leitung!

Wir widmen dieses Buch
den »Baumeistern der Welt von morgen«.

Auf dass sie mit uns eine Welt erschaffen, in der niemand mehr künstlich behindert wird:

Lisa, Tobias, Valentin, Dominik, Alice, Daniela & Armin, Urs, Anja, Ben, Miriam, Mariella, Julia, Sophie, Felix, Michael, Elias, Daniel, Anna, Lilli, Johanna, Kara, Livia, Leon, Ninja, Nadine, Daniel, Carina, Luca und Fabio
und allen anderen Baumeistern, den Kindern dieser Welt!

Susanne Erhart
geb. 1966 in Innsbruck
Texterin. Informationsaufbereitung für Kinder. Publizistik- und Pädagogikstudium. PR & Marketing.

der Christian Tschepp
geb. 1964 in Salzburg
Vater. Trainer. Cartoonist. Maler. Schreiber. Rockmusiker.

Für Frederic, meinen kleinen Schatz. Heute 5 Jahre alt. der Christian

der Christian Tschepp
didakt. Konzeption
»Ein Schritt ins Alter«

Susanne Erhart
Projektleitung
»Ein Schritt ins Alter«

»Sie ist streitsüchtig, egoistisch und eine Frau.«
»Ich bin nicht streitsüchtig! Du bist gemein!«
»Ach?«
»Und was heißt hier eigentlich: ›Sie ist eine Frau‹?«
»Das erspart vielleicht manche Erklärung. Und Frau heißt eben Frau – nichts weiter.«
»Na, das ist ja wieder typisch Mann!«
»Ach!«
»Ach! Jetzt sagst du wieder ›Ach‹ – ich bin ja noch gar nicht fertig! Ich meine, es ist typisch Mann, sich mit solchen Standardsätzen aus der Affäre zu ziehen.«
»Ach.«
»Was tust du da drüben eigentlich?«
»Überall Kaffee hinpatzen.«
»Schon wieder.«
»Was heißt hier: ›Schon wieder‹? Ich patze nie mit etwas herum! Fast nie. Und wer hat denn wieder fünf Zettel über meinen Arbeitsplatz gepinnt?«
»Ich nicht.«
»Natürlich du.«
»Außerdem waren's nur drei.«
»Ja, drei gepinnte. Da waren aber noch geklebte! Dort klebt noch immer einer. Und das da ist auch von dir! Und der Radiergummi und der Taschenrechner.«
»Na, immerhin habe ich hier zwei Wochen lang gearbeitet, während du in Urlaub warst.«
»Erstens, Gnädigste ... .«

Sie haben noch nicht genug? Mehr über uns:

home: www.works-company.com
e-mail: office@works-company.com

Vielen Dank!
Danke besonders den Kindern der Rasselbande für den Spaß bei den Fototerminen:

(hinten): Carina, Daniel & Ben; (vorne): Miriam & Frederic

Ein Leitung! | 3

Vorwort

Im Juni 2001 besuchte ich als Gastprofessor der Universität Innsbruck Österreich.

Ich verbrachte einige Tage in Salzburg, wo eines der Highlights der Besuch der Landesklinik für Geriatrie an der Christian Doppler Klinik war.

Ich lernte das wunderbar ideenreiche und kluge Projekt »Ein Schritt ins Alter« kennen, das speziell entwickelt wurde, um 10-jährige Kinder die Bedürfnisse älterer Menschen - letztendlich die ihrer Urgroß- und Großeltern - zu lehren.

Aufgrund meiner Erfahrungen anlässlich dieses Besuches ist es mir eine Freude, ein höchst positives Vorwort zu diesem Buch zu schreiben.

Es kann Schulkindern als nützlicher Wegweiser durch die verschiedenen Stationen, welche die Autoren »Arena des Alltags« nennen, dienen und stellt ein ebenso wertvolles Buch für Menschen aller Altersklassen dar.

Dieses Buch beschreibt ein einzigartiges innovatives Lehrprogramm. Lassen Sie sich beim Lesen von der künstlerischen Attrakivität und dem Ideenreichtum angenehm überraschen! Es zeugt von Weisheit, großem Einfühlungsvermögen und Menschlichkeit.

Ich bin 80 Jahre alt und weiß genau, worum es im Alter geht.

Richard Lazarus, Californien,
November 2002

Richard S. Lazarus –
*Professor emeritus für Psychologie der Universität Berkeley/Californien – gilt auf der ganzen Welt als **einer der einflussreichsten Wissenschaftler auf dem Gebiet der Stressforschung**, der Erforschung der **Gefühle** und des **Coping**.*

Er starb am 24. 11. 2002 im Alter von 80 Jahren.

Die Worte zu diesem Buch sind die letzten veröffentlichten Zeilen aus seiner Feder.

Professor Richard Lazarus und seine Frau Bernice zu Besuch in Salzburg

das Buch
Aufbau und Orientierung

Ein Leitung!

wir merken uns ...

... etwa 10% von dem,
was wir hören,
30% von dem,
was wir sehen,
50% von dem,
was wir hören und sehen,
70% von dem,
was wir selber sagen und ca.
90% von dem,
was wir selber tun.

Deshalb gibt es viel **zu tun**
in diesem Buch!
Viel Vergnügen beim
**Experimentieren, Spielen,
Zeichnen, Rätseln,** ... .

Wusstest du?

»In meinen Kopf geht nichts mehr rein!« Wusstest du, daß wir 100.000 (!) Jahre alt werden müßten, bis unser Kopf wirklich »voll« ist? So groß ist die Speicherkapazität unseres Gehirns.
»In meinen Kopf geht nichts mehr rein!« ist also ein Ausdruck körperlicher oder emotionaler Erschöpfung, hat aber nichts mit dem Gehirn zu tun.

Liebe Eltern!
Liebe Lehrer!

Sie können dieses Buch Ihrem Kind/Ihren Schülern einfach nur in die Hand drücken. Das wäre allerdings schade.

Sie könnten es vorlesen oder gemeinsam lesen. Das wäre schon viel besser.

Sie können damit aber noch viel mehr. Und dazu finden Sie hier eine kurze »Bedienungsanleitung«:

Spielen Sie!

Das Buch stellt viele Möglichkeiten für einen **spielerischen Umgang mit dem Inhalt** bereit: Zeichnen, Rätseln, Experimentieren, Vorlesen, ...

Spielen Sie damit, z.B. mit den **Reimen** der Rasselbande (alleine, oder in der Gruppe vorgetragen, gesprochen, gesungen, mit und ohne Klatschen – Hauptsache, es macht Spaß!).

Aufbau der Kapitel

Durch alle **Kapitel** (gekennzeichnet durch **spezifische Farbe**) führt ein »**roter Faden**«: In jeweils gleicher Abfolge eröffnet die:

Einleitungsseite mit Fragen, die **neugierig machen**. Sie führt in den Sinn ein. Danach folgt:

Bauplan und Bedienungsanleitung: In Text und Bild werden wesentliche **Bestandteile und Zusammenwirken** vorgestellt. Die Rasselbande wiederholt in einem **Reim** alle Bestandteile des jeweiligen Sinnesorganes.

Danach: **Wissenskapitel** mit **Beispielen** und interessanten **Nebenthemen** (Blindenschrift, Gebärdensprache, Paradoxien usw.).

»**Kann der ...-sinn älter werden?**« nimmt jeweils Bezug auf **altersbedingte Einschränkungen** und den Umstand, dass nicht das Alter selbst Behinderung bedeutet, sondern vielmehr **unsere Umwelt dazu angetan ist, zu behindern**.

Der **Quiz wiederholt** den gesamten Stoff noch einmal.
Für die Schule: Wir empfehlen, die **Quiz-Seiten als Gruppenarbeiten** durchzuführen. So wird lustvoll ein Wettbewerbscharakter erzeugt, und es macht Spaß, zu »wissen«.

Wahn-Sinn: Wahn-sinnig wird jedes Thema beschlossen: Sprichwörter, Redewendungen, die Sinneswelt der Tiere, sinn-lose Fragen, Rezepte, ...

Titelthema - Kernsatz
An dieser Stelle stehen die Kernaussagen der Doppelseite zusammengefasst in ein bis zwei Sätzen.
Thema auf einen Blick!
Die Balken wechseln pro behandeltem Sinn ihre Farbe.

Ein Leitung! | 5

Viel Vergnügen!

Experimentieren Sie! Links und rechts außen finden Sie spannende Experimente. Viel Spaß dabei!

Haben Sie schon einmal **Rollenspiele** ausprobiert? Applaus! Sie **Zeichnen** oder **Basteln** lieber gemeinsam? Bitte sehr! **Kochen Sie** mit Ihren Kindern die Rezepte nach. Guten Appetit!

Der angenehme Nebeneffekt: Gelernt wird nebenbei, fast unbemerkt!

Was Sie sonst noch tun können, um Lernen vergnüglich und erfolgreich zu gestalten, zeigt Ihnen »**das große Rasselbande-Gern-Lern-ABC**« ab Seite 88!

Wir wünschen Ihnen und Dir viel Vergnügen dabei!

Dieses Symbol weist – links oder rechts außen – auf ein spannendes Experiment hin.

Experimente zum Selbermachen (für die Schule und zu Hause; für Gruppen und einzelne Spieler)

Aufgaben mit Fragen, die zum Verweilen einladen,

Spiele, die allein oder in Gruppen gespielt werden können.

*In jedem Fall stehen die hier vorgeschlagenen Übungen **in unmittelbarem Zusammenhang mit dem behandelten Stoff**. Sie **vertiefen** und **festigen** ihn spielerisch.*

Gliederung der Doppelseiten

Jede **Doppelseite** enthält einen **abgeschlossenen Themenbereich**.

Der **Balken oben** enthält die **Kernsätze** jedes Kapitels. Die **Farbe**, die **Symbole** links und rechts außen sowie die **Bezeichnung** (z.B. »Tastsinn«) kennzeichnen das jeweilige Kapitel/Sinn.

Der **Wissensstoff** wird durch »**loops**« (Wiederholungsschleifen) verarbeitet.

Ein Beispiel: Ein Thema wird im **Wissenstext** vorgestellt. Ein **Experiment** und ein »**Wusstest du**« verarbeiten es und im

Abenteuer der Rasselbande (Filmstreifen unten) werden die wesentlichen Elemente noch einmal aufbereitet und integriert.

Schwierige Begriffe werden in das **Lexikon** (unten rechts) aufgenommen. Sie sind jeweils **rot markiert**. **Schlüsselbegriffe** werden jeweils in **Fettdruck** hervorgehoben.

Schüler und Lehrer können so die **Einheiten** in **Zeit** und **Umfang** von vornherein **planen**. Außerdem können **Kapitel** ausgelassen und **später eingebracht** werden.

Lexikon
für schlaue Köpfe
In den Lexikon-Kästchen werden – nach Bedarf – Begriffe erläutert, die im Text erwähnt sind.

Im Buchanhang findet sich ein übersichtliches Glossar (»Wörterbuch«) mit allen Begriffen.

Inhalt
Das ist alles drin!

6 | **Ein** Leitung!

*Die **Bedienungsanleitung** (Seite 4/5) sagt dir und deinen Eltern, was du mit diesem Buch alles machen kannst.*

Einleitung 2-11

die **Autoren** danken und widmen	2
Vorwort von Prof. Dr. Lazarus	3
Das Buch: **Bedienungsanleitung**	4/5
Inhalt: Das ist alles drin!	6/7
Die **Rasselbande** stellt sich vor	8/9
Die Sinne – wie funktioniert das eigentlich?	10/11

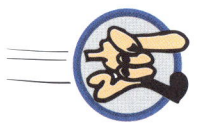

*Du erfährst, wie du **mit deinen Fingern lesen** kannst, an welcher Körperstelle du die **dickste Haut** hast, wie du deine **Reflexe testen** kannst und wie eine **Mücke dich auch im Dunkeln findet** (aua!).*

*Außerdem: ein tolles **Quiz**, viele **Spiele**, **Rätsel** und ein **Rezept** zum Nachmachen.*

Die Welt be-greifen Tastsinn 12-27

Die **Nummer 1** der Sinne	14/15
Bauplan und Bedienungsanleitung	16/17
Schmerz und Reflexe	18/19
Sicherheit durch Tasten	20/21
Kann der Tastsinn **älter werden**?	22/23
Tast-**Quiz**	24/25
Wahnsinn! Tastsinn	26/27

*Weißt du ...
... wie lange einmal **Blinzeln** dauert?
... wer so große **Augen** wie ein Fahrradreifen hat?
... warum **Katzenaugen** in der Nacht leuchten?
... warum du **Dinge** siehst, die es gar nicht gibt?*

*Und: **Seh-Quiz**, **Spiele**, **Rätsel**, **Experimente** und ein leckeres **Augenschmaus-Rezept** zum Nachkochen.*

Ich sehe was, was du nicht siehst Sehsinn 28-45

Tastsinn trifft Sehsinn	30/31
Bauplan und Bedienungsanleitung	32/33
Netzhaut – **Stäbchen und Zapfen**	34/35
Euglena – Erfinderin des Auges	36/37
Ich glaub', **ich seh' nicht richtig**	38/39
Kann der Sehsinn **älter werden**?	40/41
Seh-**Quiz**	42/43
Wahnsinn! Sehsinn	44/45

tasten Haut   **sehen** Augen   **hören** Ohren   **riechen** Nase   **schmecken** Mund   **Ein**Leitung!   7

82 – 86	Wörterbuch	
87	Quizlösungen	**hintendran** 82-96
88 – 93	Das große Rasselbande **Gern-Lern-ABC**	
94/95	Ein Schritt ins Alter – das Projekt	
96	**Bücher**, die wir gern empfehlen	

*Das große Rasselbande Gern-Lern-ABC zeigt dir, **wie Lernen leichter geht und mehr Spaß machen kann**.*

46-61 Hörsinn Leihst du mir mal dein Ohr?

48/49	Wozu ist **Hören** eigentlich gut?
50/51	**Bauplan** und Bedienungsanleitung
52/53	Bleib' im **Gleichgewicht**!
54/55	Die **Sprache der Hände**
56/57	Kann der Hörsinn **älter werden**?
58/59	Hör-**Quiz**
60/61	**Wahnsinn!** – Hörsinn

*Was hat ein **Hammer in deinem Ohr** zu suchen? Wie kannst du deine **Hände das Sprechen lehren**? Welches Tier benutzt seine **Ohren als Klimaanlage**? Was sind **Schallwellen**? Wie baust du dir ein **Jogurttrommelfell**?*

*Außerdem: **Quiz**, **Spiele** und **Rätsel** und **Schweinsohren** (!) zum Backen.*

62-81 Geruchssinn und Geschmackssinn

64/65	**Bauplan** und Bedienungsanleitung – **Zunge**
66/67	**Bauplan** und Bedienungsanleitung – **Nase**
68/69	Das erinnert mich doch an was!
70/71	**Gut? Schlecht?** Das ist hier die Frage!
72/73	Blume, Hund, Kuchen, Misthaufen
74/75	Können Geruchs- und Geschmackssinn **älter werden**?
76/77	Riech-Schmeck-**Quiz**
78/79	**Wahnsinn!** Geschmackssinn
80/81	**Wahnsinn!** Geruchssinn

*Du erfährst, warum du **bei Schnupfen nichts schmecken** kannst, wozu die **Spucke im Mund** gut ist, wie eine Biene immer ihren **Bienenstock findet**, was ein **Zungenbrecher** ist ….*

*Und: ein tolles **Quiz**, viele **Spiele** und **Rätsel** und leckere **Bratäpfel** zum Nachbacken.*

Die Rasselbande stellt sich vor

EinLeitung!

Tja, wir hätten dir gerne ein paar Fotos von der Rasselbande gezeigt.

Aber sie haben nur Faxen gemacht. Tut uns ehrlich leid!

Daniel, der Professor

Hallo! Ich bin **Daniel**. Aber alle nennen mich »**Professor**«. Mich interessiert alles, was mit **Wissenschaft** zu tun hat. Weißt du, was ein »olfaktorischer Reiz« ist, oder ein »optisches System«? Ok, ok ... musst du auch gar nicht wissen. Sind halt zwei meiner Lieblingswörter.

Komischerweise will die nie jemand hören. Aber wenn jemand bei den Hausaufgaben nicht weiter weiß, dann stört es auf einmal keinen mehr, dass ich schlau bin. Das soll einer verstehen.

Bine, die Grüne

Hi! Ich heiße **Bine**. Meinen Spitznamen brauch' ich dir wohl nicht näher zu erklären. Mann, war das ein Auftritt, als ich letzte Woche mit **grünen Haaren** zur Schule gekommen bin!

Frau Huber hat die Hände vor den Mund geschlagen und so komisches Zeug gestammelt, wie: »Ach d-d-d-u m-meine Güte! D-das g-g-eht doch wieder weg?« Aber das soll ja gar nicht weggehen. Ich finde grün toll! Nur Ben kann es nicht lassen, mich deswegen aufzuziehen.

Ja, und zusammen sind wir die berüchtigte, gefürchtete, geniale, fantastische, umwerfende, großartige, unschlagbare, megacoole Rasselbande!!! Komm mit, wir erzählen dir ein Abenteuer!

In der 4a geht es rund. Frau Huber hat letzte Woche einen eigenartigen Ausflug angekündigt. Nicht etwa in ein Museum oder so. Nein! Einen Ausflug ins Alter! Alle haben vor Lachen geprustet. »Wie soll denn das bitte gehen?« Frau Huber hat aber nur geheimnisvoll gelächelt und nichts verraten ... .

Daniel, der Professor
Bine, die Grüne
Chrissi, die Kichererbse
Frederic, das Bandenbaby
Ben, der Launische

Ein Leitung! 9

Ich bin **Chrissi**. Und bevor es die anderen verraten: mein Spitzname ist »**Kichererbse**«. Manchmal **kichere** ich einfach los. Ich kann gar nix dagegen machen. Frau Huber, unsere Lehrerin, versteht das aber gar nicht. Sie bekommt dann immer eine spitze Nase und sagt ganz furchtbar streng: »Christine-Maria Fischbach! Reiß dich jetzt bitte zusammen!« Aber meistens nützt das auch nix.

Chrissi, die Kichererbse

Frederic, das Bandenbaby

Ben, der Launische

Servus, ich bin **Frederic**. Chrissi ist meine große Schwester. Und die erlaubt mir alles! Gestern hab' ich meine Geburtstagstorte zermantscht und Chrissi hat gar nicht geschimpft. Aber Mama! Die anderen haben aber gleich gerufen: »He! Das ist unser **Bandenbaby**. Er darf das!« Da hat Mama gelacht. Ich mag Chrissi, Ben, Bine, und Dani. Weil sie mich immer mitnehmen und gut auf mich aufpassen.

Hey! Ich bin **Ben**. Keine Ahnung, warum die anderen immer »**Mister Launisch**« zu mir sagen. Man kann ja nicht jeden Tag gut drauf sein, oder? Na eben!

Außerdem: Wenn Bine ständig mit ihren grünen Haaren vor mir rumhüpft, kann man ja nur verrückt werden! Naja. Eigentlich mag ich Bine wirklich gern. Aber verrate ihr das bloß nicht! Sie denkt sonst wieder weiß Gott was! Dass ich verliebt wär' in sie und so'n Zeug! Brrrr!

Seither ist die Rasselbande jede Pause damit beschäftigt, das Geheimnis des rätselhaften Ausflugs zu lüften. Bines Theorie ist besonders spannend: »Die setzen uns da bestimmt in so eine abgefahrene Zeitmaschine und beamen uns in die Zukunft!«
Ben tippt sich mit an die Stirn:

»So ein Blödsinn! Zeitmaschinen gibt´s doch gar nicht! Du siehst zuviel fern?« Aber Bine lässt nicht locker: »Dann geben sie uns eben eine Tablette, die uns in einer Minute ganz alt macht.« Der Professor schüttelt den Kopf. Was wissen die schon über Forschung! Ben ist sauer: »Schritt ins Alter!

Das wird wieder so was Ödes sein.« Bine stößt ihn mit dem Ellbogen: »Komm schon! Das wird bestimmt lustig! Und wir haben dafür schulfrei!« Ben reibt sich die Rippen: »Ob du´s noch immer so lustig findest, wenn deine grünen Haare auf einmal grau werden?« »Denkst du wirklich?« murmelt sie unsicher.

Die Sinne - wie funktioniert das eigentlich?

Ein Leitung!

Alles, was du heute kannst ...

... lesen, schreiben, hüpfen, zeichnen, skaten, laufen, sprechen - **hast du gelernt**. Das war manchmal sehr mühsam. Wie oft bist du beim Skaten oder Schifahren am Boden gelandet? Aber du hast nicht aufgegeben, bis du's konntest.

Das war möglich, **weil deine Sinnesorgane dein Gehirn andauernd mit wichtigen Informationen versorgt haben**. Dein ganzes Leben lang – schon vor der Geburt im Bauch deiner Mutter! Dein Gehirn hat diese Informationen dann fest gespeichert.

Informationen werden zu elektrischen Signalen

Es ist so ähnlich, wie bei einem **Computer**: Von alleine tut er gar nichts. Du musst ihn einschalten und ihm die **richtigen Informationen** eingeben: ein **Programm** aufrufen und ihm mitteilen, was du willst.

Genau so, wie dein Computer nun Informationen von außen bekommt, bekommst **auch du ständig Informationen von deiner Umwelt**. Über die **Sinnesorgane Augen, Ohren, Nase, Zunge und Haut** bekommt dein Gehirn (die Festplatte) wichtige Informationen über alles, was um dich herum passiert.

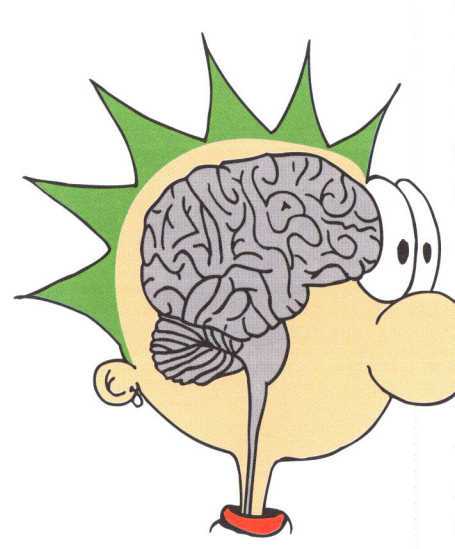

Alle Informationen, die die Sinnesorgane weiterleiten, landen in deinem Gehirn.

Wusstest du? Die Geschwindigkeit, in der Informationen von einem Sinnesorgan an das Gehirn weitergeleitet werden, beträgt ca. 430 km/h.

Das ist schneller, als ein Formel 1-Auto!!!

Informationen werden zu elektrischen Signalen

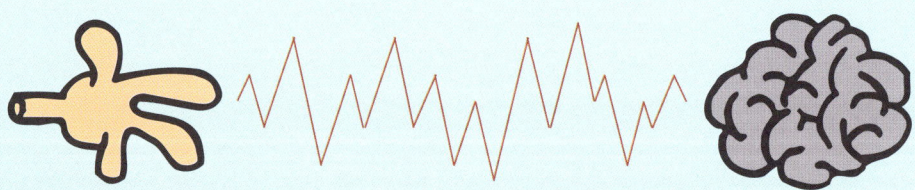

Die Information läuft **vom Sinnesorgan zum Gehirn**. Die Sinnesorgane schicken aber keine fertigen Gerüche, Bilder, Berührungen oder Klänge an dein Gehirn, sondern nur **elektrische Signale**. Das geht so ähnlich wie das Versenden von Morsezeichen. Dein **Gehirn baut** das alles dann richtig **zusammen**.

Endlich Dienstag! Am Nachmittag werden sie den »Schritt ins Alter« machen. In der Mittagspause spielt die Bande »Zeitmaschinenflug ins Alter«. Die Besenkammer wird zur Zeitmaschine umfunktioniert. Chrissi kommandiert: »Scotty, bitte beamen!« Bine drückt ein paarmal ganz schnell den Lichtschalter.

Die Türe öffnet sich und – Traraaa! Vor ihnen steht eine 80-jährige Chrissi. Sie trägt die graue Perücke vom letzten Fasching und stützt sich auf einen Stock. Und sie hat sich heimlich das neue Armband ihrer Mutter geborgt. Bine hält ihr den Arm hin. »Darf ich behilflich sein, Madame?«

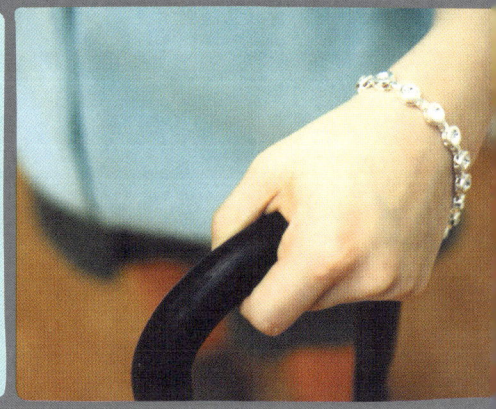

Die fünf Sinnesorgane
heißen: Ohren, Augen, Nase, Zunge und Haut.
Dein Gehirn
bekommt durch die Sinnesorgane wichtige Informationen.
Das sind elektrische Signale, so wie beim Morsen.

Ein Leitung! | 11

Verschlüsseln und entschlüsseln

Die Sinnesorgane schicken **verschlüsselte Botschaften** an das **Gehirn**. Dort werden sie entschlüsselt und du kannst die Welt erleben:

riechen, schmecken, spüren, sehen, hören. Du kannst sie wahr-nehmen.

Dein Gehirn verbindet alle Informationen miteinander und kann jetzt Befehle an die Muskeln deines Körpers geben und reagieren. Hingreifen, Hand wegziehen, ... Ganz schön kompliziert? Lies weiter, du wirst es bestimmt verstehen!

Experiment

Hast du Lust, richtige Geheimbotschaften zu verschicken? Du benötigst dazu eine Taschenlampe und das Morsealphabet. Die Punkte bedeuten: kurzer Lichtschein, die Striche heißen: langer Lichtschein.

Nimm die Taschenlampe und sende diese Botschaft: »Hallo, ich bin ... (Name)«

Kannst du diesen Satz entschlüsseln?

» − − − − − · − · · ·
· − · − − · · ·
· · · · · · · · ·
· − · · · · · · «

die Morsezeichen

A	· −	N	− ·		Ä	− · − ·
B	− · · ·	O	− − −		Ö	− − − ·
C	− · − ·	P	· − − ·		Ü	· · − −
D	− · ·	Q	− − · −		1	· − − − −
E	·	R	· − ·		2	· · − − −
F	· · − ·	S	· · ·		3	· · · − −
G	− − ·	T	−		4	· · · · −
H	· · · ·	U	· · −		5	· · · · ·
I	· ·	V	· · · −		6	− · · · ·
J	· − − −	W	· − −		7	− − · · ·
K	− · −	X	− · · −		8	− − − · ·
L	· − · ·	Y	− · − −		9	− − − − ·
M	− −	Z	− − · ·		0	− − − − −

Bestimmt hast du schon solche Morsezeichen gesehen. Das bekannteste ist wohl dieses hier:

»· · · − − − · · ·«
dreimal kurz, dreimal lang, dreimal kurz

Es bedeutet »**SOS**« und wird von **Menschen in Not** gebraucht. Auf der ganzen Welt bedeutet es: »Wir brauchen Hilfe !!!«.

Wenn Wörter in Morsezeichen durch die Telegraphenleitung gesendet werden, dann wandern natürlich nicht wirklich Wörter durch die Stromkabel, sondern **elektrische Signale**:
Lang - kurz - lang - kurz - kurz - lang - lang - ...

Lexikon

Information
ist eine Mitteilung über etwas, was um dich herum oder in dir vorgeht.

elektrisches Signal
ist ein elektrisches »Taxi« für Informationen zwischen Sinnesorgan und Gehirn

---

»Ober! Zwei mal Kakao, aber dalli!« Der Professor erscheint mit einem Buch als Tablett und zwei Bechern. »Sonst noch Wünsche die Damen?« »Ja, wenn wir jetzt vielleicht noch so eine Million Mohrenköpfe haben könnten?« Erst als Chrissis Mutter den Kopf zur Tür hereinsteckt merken sie, wie spät es schon ist!

Chrissi wirft die Verkleidung in die Besenkammer. Ihre Mutter und Frederic warten schon im Auto. Ben brummt mürrisch: »Toll, wir werden den ganzen Nachmittag nur blöd herumsitzen.« Aber da täuscht er sich! Schon bald wird mehr los sein, als ihm lieb ist. In der Eile haben sie nämlich etwas Wichtiges vergessen ... .

Tastsinn

12 | **Tast** Sinn!

Kannst du mit den Fingern lesen?

Weiß ein Baby, dass es Zehen hat?

Ab wann kannst du fühlen?

Was ist ein Reflex?

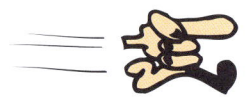

In der Halle der Geriatrie – so heißt das Krankenhaus, in dem ältere Menschen behandelt werden – erwartet sie schon eine Ärztin. Bine flüstert grinsend: »Seht ihr? Ich hab recht gehabt mit der Tablette.« Die Ärztin stellt sich als Frau Dr. Thoma vor und führt sie zu einem Saal.

Am Weg begegnen ihnen eigenartige Dinge. In einem Gang hängen unzählige Sachen an der Wand. Chrissi verdreht den Kopf so weit, dass sie beinahe über einen langen Stoffschlauch stolpert, der am Boden liegt. Was das alles in einem Krankenhaus zu suchen hat? Das beginnt ja ganz schön rätselhaft ... .

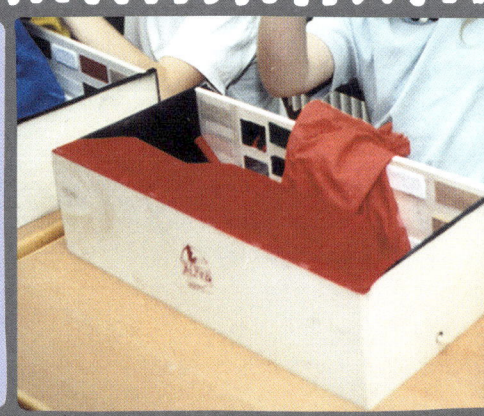

die Welt be-greifen

Tast Sinn! 13

Sehen kannst du mit den Augen, hören mit den Ohren. Zum Riechen und Schmekken hast du Nase und Mund. Alle diese Sinnesorgane tragen wir am Kopf. Tasten aber können wir mit dem ganzen Körper. Mit der Haut, in der wir stecken, spüren wir alles, was um uns herum geschieht.

Der Tastsinn ist der einzige Sinn, ohne den wir nicht leben können. Wir würden uns in der Umwelt nicht zurecht finden.

Wie könntest du, ohne zu fühlen, barfuß durch ein Feld laufen, ohne dich an den Stoppeln zu verletzen? Wie könntest du essen, trinken, Fußball spielen, dich anziehen, laufen, springen?

Im Saal ist für jedes Kind ein Platz gerichtet, auf dem ein geheimnisvolles buntes Kistchen steht. Chrissi hat den ganzen Weg mit Bine getratscht und dabei wild mit den Armen gefuchtelt. Jetzt ermahnt Frau Huber sie, sich still hinzusetzen und ihre Hände bloß nicht in das Kistchen zu stecken.

Chrissi macht ein beleidigtes Gesicht.

Frau Doktor Thoma fragt: »Seid ihr bereit, den Schritt ins Alter zu machen?«

Na klar sind sie bereit!!! Und wie! Darauf warten sie ja schon seit einer Woche!!!

TastSinn!

Die Nummer 1 der Sinne

Ben meint: Auf der Hautoberfläche eines Menschen sind mehr **Lebewesen**, als auf der Erdoberfläche Menschen sind.

Der Tastsinn ist ein Nahsinn

Du kannst nur etwas **spüren**, das deinem **Körper** so nahe kommt, dass es ihn **berührt**. Es genügt schon ein ganz leichter Luftzug.

Mit deinem Tastsinn spürst du den Wind auf den Wangen, Regen, der auf deine Nase platscht und die warmen Strahlen der Sonne auf deiner Haut.
Du fühlst die Schuhe, die du trägst. Und wenn du barfuß gehst, dann spürst du jeden kleinen Stein.

Du kannst auch fühlen, ob das Wasser in der Badewanne heiß oder kalt ist, oder ob gerade ein Elefant auf deinen Zehen steht.

Ab wann kannst du fühlen?

Der Tastsinn beginnt sehr früh mit seiner Arbeit.

Schon im Bauch der Mutter lernt das Baby seinen Daumen kennen, indem es an ihm nuckelt.

Es spürt auch die angenehme Wärme und Geborgenheit über sein Tastsinnesorgan – **die Haut**.

Wenn es dann auf der Welt ist und laut schreit, beruhigt es sich gleich, wenn die Eltern es in den Arm nehmen und sanft streicheln. Das Baby kann ihre Gegenwart spüren und das gibt ihm Sicherheit.

Und es wird das ganze Leben ein schönes Gefühl bleiben, umarmt zu werden (von den richtigen Menschen natürlich!).

Wusstest du?
Die dickste Haut hast du auf der Fußsohle. Sie ist etwa 4 mm dick.

Die dünnste Haut ist die der Augenlider. Sie ist ungefähr 1 mm stark.

»Gut. Um zu verstehen wie es ist, alt zu sein, müssen wir ganz früh beginnen. Wann glaubt ihr, beginnt ein Mensch zu fühlen?« Bine zupft an ihren grünen Haaren. »Mit einem Monat ... ?« Der Professor ist anderer Meinung: »Ich glaube im Bauch, bevor man auf die Welt kommt.« »Sehr gut! Dani hat recht!«

Bine verdreht die Augen: »Der Herr Professor mal wieder!« Frau Dr. Thoma erzählt weiter: »Ihr habt schon im Bauch der Mama begonnen, die Welt zu **be-greifen**. Und auch Daumen gelutscht! Im Mund sind nämlich die meisten Tastkörperchen. Darum stecken Babys auch später noch alles in den Mund.«

Der Tastsinn ist ein Nahsinn
Durch ihn spürst du alles, was mit deinem Körper in Berührung kommt.

Tastsinn: Der erste Sinn, den wir benutzen
Das Baby kann seine Umwelt, aber auch sich selbst erst begreifen, indem es alles be-greift, fühlt und betastet.

Tast Sinn! | 15

Was macht ein Regenwurm in deinem Mund?

Sobald das **Baby** greifen kann, steckt es **alles in den Mund**. Das macht es nicht, weil es so hungrig ist, oder weil die Sachen so gut schmecken. Manche schmecken sogar ganz abscheulich (Regenwürmer zum Beispiel)!

Das Baby macht es deshalb, weil **im Mund die meisten Tastkörperchen** in die Haut eingebaut sind. Wenn es an etwas lutscht, bekommt es Informationen, die es dann sofort an das Gehirn schickt (du weißt schon: Morsezeichen).

Dort oben in der Einsatzzentrale wird alles zu einem genauen Bild zusammengesetzt. Das Kind entdeckt, dass Dinge rund, eckig, spitz, glatt, rau usw. sind.

Weiß ein Baby, dass es Zehen hat?

Auch seinen Körper lernt das Baby auf diese Art kennen:
Es steckt Hände und Füße immer wieder in den Mund, weil sein Gehirn all diese Informationen braucht, **um zu lernen**. Bald weiß es, was alles zu ihm gehört: Hände, Finger, Füße, Zehen ...

Das Baby kann also seine Umwelt, aber auch sich selbst erst begreifen, indem es alles be-greift, befühlt und betastet.

zum Erinnern

*Es gibt viele verschiedene **Berührungen**. Manche fühlen sich angenehm an, andere sind ganz unangenehm. Welche magst du? Welche magst du gar nicht?*

Das mag ich gerne:

Das mag ich gar nicht:

Ben meint zwar, dass er so etwas nie gemacht hat, sagt aber lieber nichts. Auf einmal geht ein Gekichere los. Frederic hat Chrissis Sonnenbrille erwischt. Und weil er nicht so recht weiß, was er damit anfangen soll, steckt er sie einfach in den Mund und setzt sie dann auf. Chrissie will sie ihm wegnehmen,

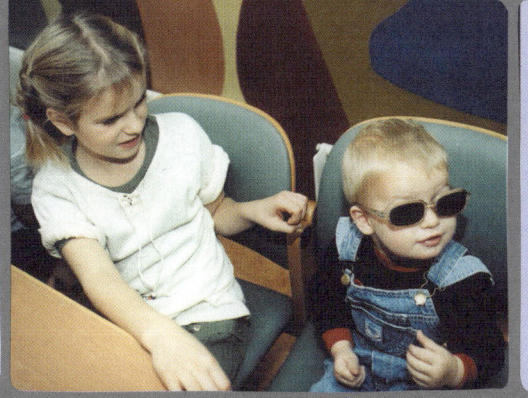

dann lacht sie: »Hey, Glück gehabt! Seit einer Minute weiß ich nämlich, dass du das als Baby machen musst: Babypflicht!« Frederic ist verdutzt. Das ist ja noch nie dagewesen! Erst wegnehmen, dann wiedergeben? Man kann sich auf gar nix mehr verlassen! Frech schaut er durch »seine« Brille.

Bauplan
und Bedienungsanleitung

16 | Tast Sinn!

Badewasser: wie warm ist es wirklich?

Ist dir das schon einmal passiert? Du prüfst mit den Händen die Temperatur deines Badewassers. Es ist warm – du steigst in die Wanne und plötzlich ist das Wasser heiß?

Um zu prüfen, wie warm das Wasser wirklich ist, nützt es wenig, mit den Handflächen darin zu plantschen! Denn **in den Händen sitzen nur wenige Temperaturfühler.**

Wenn du es also genau wissen willst, dann prüfe es am besten **mit der Innenseite des Handgelenks.**

Wusstest du?
Mit deinen Lippen kannst du zehn Mal genauer spüren, als mit den Unterarmen.

Die Lippen sind neben der Zunge deine empfindlichsten Körperteile.

Streck' die Fühler aus!

Es gibt keinen Fleck auf deinem Körper, der nicht mit den wichtigen Fühlern – den Tastkörperchen – ausgestattet ist. Wenn du über deine **Haut** streichst, wirst du aber merken, dass sie **an manchen Stellen empfindlicher ist als an anderen.**

Das sind Stellen, die **besonders wichtig für das Tasten** sind: **Fingerspitzen**, die **Lippen** oder dein **Mund** zum Beispiel. Dort sind viel mehr Fühler als in deinem Handrücken oder deinem Ohrläppchen.

der Tastsinn Bedienungsanleitung

Die Tastkörper auf deiner Hautoberfläche spüren jeden kleinen Windhauch.

Sie sehen verschieden aus und sind für unterschiedliche Dinge zuständig. Bekommt ein Fühler eine Information (z.B.: Wärme), dann sendet er das Signal weiter zum Gehirn und du spürst: »Aha, warm.«

Es gibt **fünf verschiedene Arten von Tastkörperchen:**

- **Temperaturfühler**
- **Fühler für Berührung**
- **Druckfühler**
- **Fühler für Vibration**
- **Schmerzfühler**

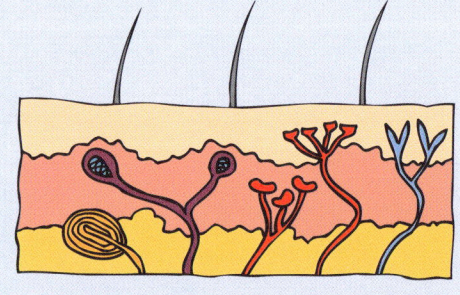

Temperaturfühler melden dir Kälte oder Wärme.
Druckfühler melden dir, ob du zum Beispiel einen Stein im Schuh hast.
Berührung spürst du, wenn du eine Katze streichelst.
Fühler für **Vibration** melden ein leichtes Zittern (eine Fliege in der Hand).
Schmerzfühler melden sich, wenn du hinfällst und dir die Haut aufschürfst.

Chrissi wetzt ungeduldig hin und her. Wenn sie nicht bald das Geheimnis der Kistchen lüftet, dann platzt sie. Das haben die dann davon: lauter kleine Chrissistückchen! Noch bevor sie sich das richtig ausmalen kann, wird sie erlöst. Frau Dr. Thoma erlaubt ihnen endlich, in dem Kistchen nach einem Sack zu suchen.

Die Bandenmitglieder entdecken ih sofort, aber das muss ja keiner wisser So können sie in Ruhe auskundschaften, was sonst noch in der Geheimkiste steckt. Ihre Finger tasten bekannte, verwunderliche und richti gruselige Dinge. »Habt ihr alle die Säckchen gefunden? Nehmt sie heraus und steckt eine Hand hinein.«

Die Haut
ist unser größtes Sinnesorgan. Sie umhüllt den ganzen Körper.

Auf der ganzen Haut sind Fühler,
die dem Gehirn Temperatur, Druck, Schmerz, Berührung oder Vibration melden.

Tast Sinn! | 17

die Haut Bauplan

Die Haut ist unser größtes Sinnesorgan. Sie umhüllt den ganzen Körper.

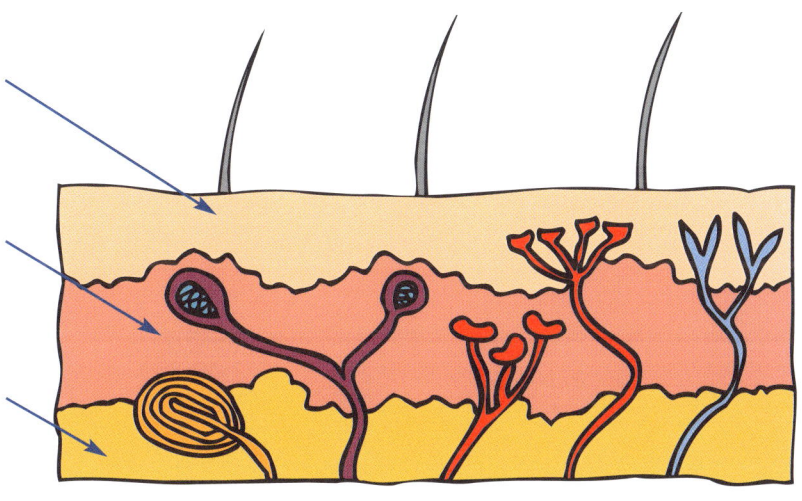

Ganz oben ist die **Oberhaut**. Hier wachsen die **Haare** heraus.

Mittendrin die **Lederhaut** mit **Nerven** und **Blutgefäßen**.

Und ganz unten die **Unterhaut**. Hier drin ist **Fett** – das hält den Körper bei Kälte warm.

In der **Lederhaut** gibt es:

Blutgefäße (sie versorgen den Körper mit Blut);

verschiedene **Fühler**, mit denen wir Wärme und Kälte, Druck, Vibration und Schmerz spüren;

Nervenbahnen (du weißt schon: für die Informationen an das Gehirn).

Die Fühler, mit denen du **Wärme, Kälte, Vibration, Druck** und **Schmerz** spürst, haben an ihren Enden verschiedene Formen.

Aus Ober-, Unter-, Lederhaut ist unser Hautkleid aufgebaut. Und in ihm sitzen Nervenbahnen, die vor Gefahr mit Schmerz dich warnen.

Na, das braucht ihnen keiner zweimal zu sagen! Bine ist wohl ein wenig zu schnell. Etwas piekst sie: »Verflixt!« zischt sie. Frau Dr. Thoma fragt: »Hat jemand von euch einen spitzen Bleistift in seinem Säckchen?« Während die anderen noch tasten, ruft Bine: »Ja ich! – Und ich hab mich sogar gestochen!«

»Hoffentlich hast du dir nicht wehgetan?« Bine reibt ihren Daumen, schüttelt aber den Kopf. »Nächste Frage: Hat jemand eine Holzkugel im Säckchen?« »Klar«, meint Ben cool, »und den Bleistift hab ich auch gefunden, war total easy, und außerdem ist der gar nicht spitz.« Verächtlich schielt er zu Bine.

Schmerz und Reflexe

Tast Sinn!

Manche Menschen können barfuß über glühende Kohlen laufen oder Messerstiche ohne Schmerz aushalten. **Sie blockieren durch Konzentration die Schmerzleitung ins Gehirn** *und spüren nichts.*

Wusstest du? Dein Körper hat eine eigene Apotheke. Er produziert Schmerzmittel, die den Schmerz lindern.

So können sich etwa verletzte Menschen nach schweren Unfällen noch in Sicherheit bringen.

Autsch! Tut dir was weh?

Dein Tastsinn meldet, wenn etwas mit deinem Körper nicht in Ordnung ist. Das kann Bauchweh oder Zahnweh sein, oder eine Verletzung – gar nicht fein.

Aber so unangenehm **Schmerzen** auch sind, **sie sind sehr wichtig.** Das glaubst du nicht?

Überleg' doch einmal: Wie wäre es, wenn du eine schwere Krankheit oder Verletzungen nicht rechtzeitig durch diese unangenehmen Begleiter bemerken würdest?

Das könnte böse ausgehen, denn **Schmerz bedeutet immer: »He, pass' auf, sonst geht hier was kaputt!«**

Warum können wir Schmerzen nicht einfach ausschalten?

Schmerz ist ein wichtiges Alarmsignal. Aber was können wir tun, wenn er zu groß ist? Bei einer schweren Verletzung zum Beispiel, oder nach einer Operation?

Dafür haben Wissenschaftler Medikamente entwickelt, die das Schmerzsignal erst gar nicht ins Gehirn lassen. Sie bremsen es vorher ab, oder verhindern die Weiterleitung im Gehirn.

Das kann sehr wichtig sein, aber du solltest nur dann ein Schmerzmittel nehmen, wenn es dir vom Arzt verschrieben wird. Sonst schadest du möglicherweise deinem Körper.

»Gut, dann etwas Schwierigeres: Es ist klein, ein wenig haarig... .« Alle suchen und kramen. »... hat acht Beine. Es ist ...« – an dieser Stelle macht sie eine kurze Pause »... eine lebendige Spinne!« »Ihhh!« Die Kinder ziehen kreischend die Hände aus den Säckchen. Nur der Professor behält die Nerven.

»Die könnte da ja gar nicht überleben.« »Natürlich nicht. Aber ihr habt gesehen, wie schnell ihr reagiert, wenn Gefahr droht. Diesen Schutz nennt man Reflex.« Chrissi singt leise vor sich hin: »Reflex, Reflex, lauf davon der alten Hex´.« Frau Huber schaut sie mit spitzer Nase streng über ihre Brille an.

Reflexe

ermöglichen es dir, in gefährlichen Situationen schnell zu reagieren, ohne erst lange nachdenken zu müssen.

Schmerzen

sind Alarmsignale deines Körpers. Sie zeigen dir, wenn etwas nicht in Ordnung ist.

Tast Sinn!

Was ist ein Reflex?

Hast du schon einmal auf eine heiße Herdplatte gegriffen? Du hast deine Hand bestimmt blitzschnell wieder weggezogen, um dich nicht zu verbrennen.

Es gibt Situationen, die sind so gefährlich, dass zum Nachdenken keine Zeit bleibt. Und dann **reagiert dein Körper schneller, als du denken kannst**. Ganz automatisch, von selbst. Das nennt man dann **Reflex**.

Das geht ganz automatisch

Beim Reflex geht die **Meldung** deiner Schmerzfühler nicht ganz hinauf zum Gehirn, sondern **nur bis in das Rückenmark deiner Wirbelsäule**. Wenn nämlich wirklich Gefahr droht, ist der Weg hinauf zum Gehirn viel zu lang. Deshalb hat das Rückenmark die Erlaubnis vom Gehirn, einen Reflex einzuleiten.

Es darf deiner Hand befehlen, sich blitzschnell zurückzuziehen. Müsstest du darüber erst nachdenken, wäre das Unglück längst geschehen!

zum Spüren:

Wenn du ein bisschen Ruhe hast, dann schließe die Augen und spüre, was dein Tastsinn alles meldet. Nicht viel, meinst du, weil du ja ganz ruhig sitzt?
Na, dann lass dich überraschen!

Spürst du den Boden unter deinen Füßen? Den Sessel, auf dem du sitzt? Zwickt etwas? Dein Schuh? Die Hose?

Ich spüre:

Wie gut funktionieren deine Reflexe?

Lidreflex

Bitte jemanden, sich vor dich hin zu stellen. Jetzt **klatschst du** etwa 10 cm vor seinem Gesicht fest in die Hände.

Er wird ganz **automatisch die Augenlider schließen** – das ist der Lidreflex zum Schutz der Augen.

Kniereflex

Setz' dich auf einen Stuhl und schlage **ein Bein über das andere**. Bitte nun einen Freund, ganz leicht **mit der Handkante etwas unterhalb der Kniescheibe hin zu schlagen**. Wenn er die richtige Stelle gefunden hat, wird dein Fuß wie von selbst **nach vorne ausschlagen**.

»Das mit dem Reflex probieren wir jetzt aus: Stellt euch gegenüber auf und schaut euch an. Einer klatscht knapp vor den Augen des anderen in die Hände. Na, was passiert?« »Autsch!« Das war Bine: »Du sollst mir nicht auf meine Nase hauen, sondern vor meiner Nase, Ben. Pass gefälligst besser auf!«

Der Professor sagt: »Chrissi hat geblinzelt.« »Richtig. Und durch das Blinzeln hat sie ihre Augen geschützt. Es hätte ja sein können, dass du sie triffst. So wie Ben Bines Nase.«
Bine reibt noch immer ihre Nase und Ben geht sicherheitshalber schnell zurück zu seinem Platz.

Tast Sinn!

Sicherheit *durch Tasten*

Klopf, klopf!

Bestimmt bist du schon einmal einem blinden Menschen begegnet. Hast du seinen weißen Stock gesehen?

Warum blinde Menschen diesen besonderen Stock immer bei sich haben? Genau! Zum Ertasten ihrer Umwelt.

*Und um dir das vorstellen zu können, **nimm einen langen geraden Stock** und probiere mit geschlossenen Augen aus, was er dir alles über deine Umgebung sagt. Klopfe auf die **Gegenstände und den Boden um dich herum**. Du wirst viele Unterschiede feststellen!*

Wusstest du? Der Tastsinn ist an deinen Fingerspitzen so empfindlich, dass er sogar schon spürt, wenn sich etwas nur einen hundertstel Millimeter bewegt.

Das kannst du mit deinen Augen niemals sehen!

Kannst du dem Tastsinn vertrauen?

Manchmal vertraust du deinen Augen nicht. Um ganz sicher zu gehen, fragst du lieber auch noch deinen Tastsinn: Denk an eine Tischplatte, die mit einer Marmortapete überzogen ist. Dein Auge meldet dem Gehirn: Marmor, kalt und hart.

Beim Hingreifen merkst du aber schnell, dass dein Auge getäuscht wurde! Die Platte fühlt sich gar nicht kalt und hart wie Stein an, sondern viel wärmer und weicher. Eben wie eine Holzplatte, die mit Plastik überzogen ist.

Dein Tastsinn gibt dir also sichere Informationen.

Können deine Finger »sehen«?

Manche Menschen sind von Geburt an blind oder haben durch einen Unfall das Augenlicht verloren. Damit sie trotzdem ein sicheres Leben führen können, übernehmen die anderen Sinne die Arbeit des Sehsinns. Blinde Menschen haben einen hervorragend »scharfen« Tastsinn.

Sie können dein Gesicht mit ihren Händen »sehen«, indem sie es genau abtasten. Im Gehirn werden alle Tastinformationen zusammengesetzt – und es entsteht ein Bild von deinem Gesicht.

Der Tastsinn ermöglicht es Blinden auch, sich in ihrer Umwelt zurecht zu finden: Sie ertasten mit einem Stock den Bereich vor und neben sich.

So spüren und hören sie, ob vor ihnen Wiese oder Straße ist. Auch Hindernisse wie Gehsteigkanten, Steine oder parkende Autos werden damit ertastet.

»Jetzt nehmt die Tastplatte aus dem Kistchen. Da sind viele verschiedene Materialien aufgeklebt. Alles Dinge, die ihr gut kennt. Im Kistchen findet ihr auch ein Paar dünne Handschuhe. Zieht sie an und tastet: zuerst mit der nackten Hand, dann mit der Handschuhhand. Fällt euch etwas auf?«

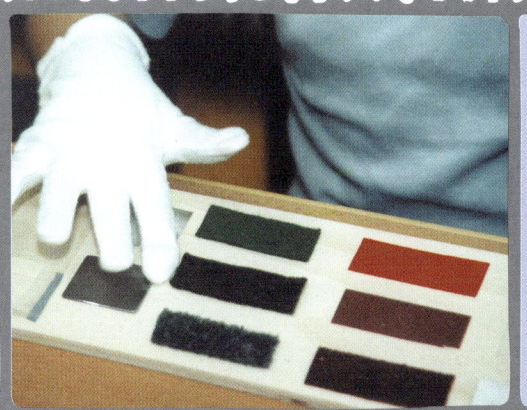

Dani stellt fest: »Das ist ja viel schwieriger!« »Ja, ihr habt auch gerade einen Schritt ins Alter gemacht.« Bine beugt sich zu Chrissi: »Äh. Sind meine Haare ein wenig ... grau?« Chrissi macht ein entsetztes Gesicht: »Oh je!« Bine wird bleich. »Was? Sag schon?!?« »Reingefallen. Sie sind genauso grün wie vorher!«

Den Tastsinn täuscht so leicht keiner!

Der Tastsinn ist der Sinn, dem du am meisten vertrauen kannst.
Deine Augen können leicht »getäuscht« werden, der Tastsinn (beinahe) nicht.

Auch blinde Menschen können lesen
Mit ihren Fingerspitzen ertasten blinde Menschen die Buchstaben der Blindenschrift.

Tast Sinn!

Kannst du mit den Fingern lesen?

Blinde Menschen brauchen auch auf spannende Bücher oder Zeitungen nicht verzichten.

Sie lesen nicht mit den Augen so wie du gerade, sondern mit ihren Fingerspitzen.

Das kannst du dir nicht vorstellen? Die Punkte im Feld unten sind das Alphabet in Blindenschrift, die **Braille-Schrift**.

Diese Punkte werden von hinten durch dickes Papier gedrückt. Vorne sind dann winzige Beulen, die mit den Fingern ertastet und gelesen werden können.

 **Experiment**

Probiere doch einmal aus, ob du den unten stehenden Satz enträtseln kannst.

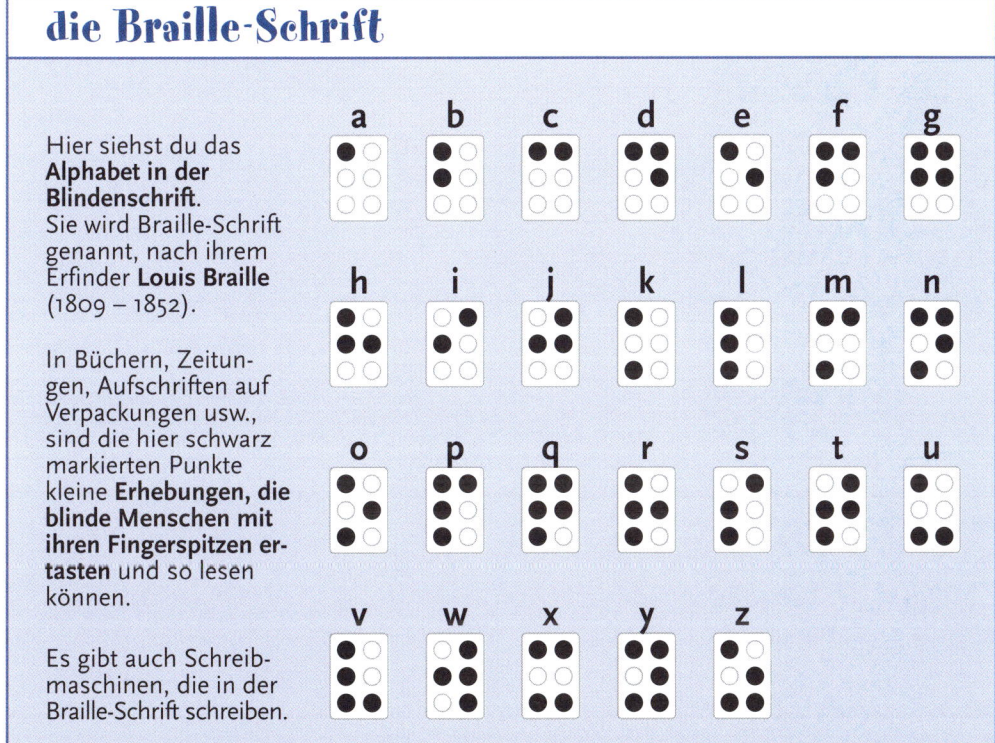

die Braille-Schrift

Hier siehst du das **Alphabet in der Blindenschrift**. Sie wird Braille-Schrift genannt, nach ihrem Erfinder **Louis Braille** (1809 – 1852).

In Büchern, Zeitungen, Aufschriften auf Verpackungen usw., sind die hier schwarz markierten Punkte kleine **Erhebungen, die blinde Menschen mit ihren Fingerspitzen ertasten** und so lesen können.

Es gibt auch Schreibmaschinen, die in der Braille-Schrift schreiben.

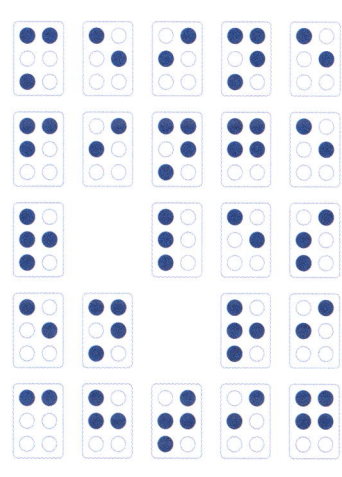

Lösung:

Bine findet das nicht witzig. Frau Dr. Thoma fährt fort: »Schaut auf die Reihe mit den durchsichtigen Streifen. Wie könnt ihr feststellen, was Plastik oder Glas ist?« »Na, hingreifen halt«, meint Ben. »Stimmt. Den Tastsinn kann so leicht nichts täuschen. Aber geht das denn mit dem Handschuh?«

»Da spür ich weniger«, murmelt Ben. »Seht ihr, so ist es, wenn man älter wird. Die Tastkörperchen in der Haut verringern sich und es wird schwerer, Materialien zu unterscheiden.« »Das hat unsere Zeitmaschine nicht hingekriegt«, flüstert Chrissi und wird plötzlich ganz still. Ihr ist etwas Schreckliches eingefallen!

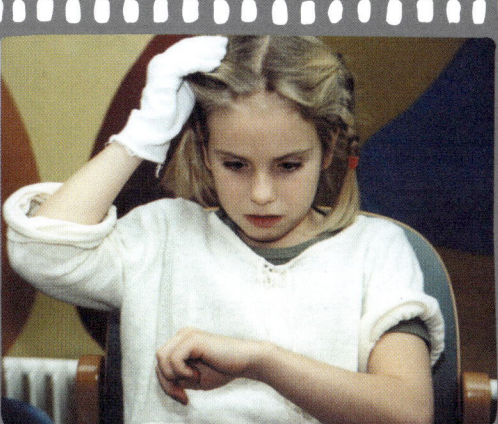

Kann der Tastsinn älter werden?

Augen auf!

*Gehe einmal mit offenen Augen durch die Stadt oder durch ein Geschäft. Welche **Stolpersteine und »Fallen«** gibt es da für alte oder behinderte Menschen? Welche **Verbesserungsvorschläge** fallen dir und deinen Freunden ein?*

Wusstest du? Es ist völlig unmöglich, beim Niesen die Augen offen zu halten. Ein Reflex schließt sie automatisch.

Das glaubst du nicht? Probier es aus!

Manche Menschen können kein Jogurt essen!

Dein Tastsinn sagt dir, **was** du angreifst und auch, **wie** du es behandeln musst.

Die Hände eines alten Menschen sind steifer und gröber als deine. Der Tastsinn ist nicht mehr so empfindlich. Die **Menge der Tastkörperchen** hat sich im Laufe des Lebens **verringert**.

Wenn ein alter Mensch einen Jogurtbecher aufmachen will, fühlt er das dünne, kurze Alustückchen des Deckels nicht richtig. Er spürt nicht, wie fest er ziehen muß. Schwer verdientes Jogurt, nicht wahr?

Worauf stehst du gerade?

Genauso ist es mit dem Tastsinn an den Füßen. Wenn du über eine unebene Straße gehst, machen die Fühler an deiner Fußsohle sofort Meldung: »Achtung Steine!« und du kannst blitzschnell reagieren.

Alte Menschen stürzen manchmal, weil sie **Bodenunebenheiten nicht rechtzeitig ertasten**. Ihre Gelenke sind steifer und die Muskeln sind nicht mehr so schnell.

Vielleicht denkst du nächstes Mal im wackeligen Bus dran und bietest deinen Sitzplatz einem älteren Menschen an. Du weißt ja, warum.

die Rezeptoren in deiner Haut werden weniger

Dein Tastsinn arbeitet perfekt, keine Frage. Aber schon ab dem 10. Lebensjahr **verringern sich die Tastkörperchen** in deiner Haut. Du hast davon aber so viele, dass du trotzdem noch alles gut ertasten kannst.

Bis dahin hast du auch schon alle wichtigen Dinge mindestens einmal be-griffen (in die Hand oder als Baby in den Mund genommen) und ganz **fest in deinem Gehirn gespeichert**.

Du brauchst jetzt nicht mehr so viele Tastkörperchen.

Das Kettchen! Sie hat vergessen, es zurückzulegen und jetzt ist es weg! Jemand muss es gestohlen haben! Wie durch einen Schleier hört sie Frau Dr. Thoma sagen: »Und weil der Tastsinn am ganzen Körper altert, macht ihr jetzt den nächsten Schritt ins Alter. Dazu werdet ihr eingewickelt. Viel Spaß!«

»Sie machen Frühlingsrollen aus uns!« Bine grinst. Wenn die wüsste! Sie haben jetzt andere Probleme! Chrissi zischt ihr ins Ohr: »Das Kettchen ist weg!« Bine verschluckt sich vor Schreck. »Das gibt's nicht!« Chrissi streckt ihr den Arm unter dem Tisch zu: »Greif doch selbst, wenn du's nicht glaubst.«

Im Alter

nimmt die Zahl der Tastkörperchen ab. Der Tastsinn wird schwächer.

Alte Menschen bewegen sich nicht mehr so sicher

Du kannst mit etwas Rücksicht viel tun für alte Menschen. Hast du eine Idee?

Tast Sinn! 23

Am Sonntag waren wir bei Nini zum Mittagessen. Das ist meine Uroma, aber ich mag sie lieber Nini nennen. Nini hat gekocht: ihre absolut weltbesten Schnitzel mit Kartoffelsalat. Mmhhhh!

Und weil wir ein bisschen zu früh da waren, hat sie mich in die Küche geholt. Sie hat gemeint: »Wenn du schon mal da bist, kannst du mir auch gleich helfen!« Na, das musste sie mir nicht zweimal sagen! Mami jagt mich meistens aus der Küche. Weil ich ihr nur im Weg rumstehe – sagt sie.

Pha! Naja, Nini mag das aber und sie lässt mich auch immer mithelfen. »Nimm mal den Topf mit den Kartoffeln von Herd!« hat sie neulich gesagt. Da war ich mächtig stolz, weil Mami mir das niemals erlaubt hätte.

Während ich noch umständlich nach einem Topflappen gesucht habe, wäre das Wasser aber beinahe übergekocht. Also hat Nini den Topf schnell mit bloßen Händen gepackt und vom Herd genommen. »So geht das doch viel schneller!« »Aber Nini, die Griffe sind doch brennheiß!« hab ich geschimpft. »Geh, jetzt stell dich doch nicht so an. So heiß ist das gar nicht!« Da bin ich mir fast wie ein Weichei vorgekommen!

Doch dann ist mir der Nachmittag in der Geriatrie und »Ein Schritt ins Alter« eingefallen. Und die Sache mit den Tastkörperchen, die im Alter weniger werden. Da ist mir ein Licht aufgegangen! Deshalb empfindet Nini den Topf weniger heiß!

Wir haben dann noch in der Küche weiter gewerkelt, und ich hab ihr von dem Nachmittag erzählt und von den fünf Sinnen und davon, warum sie den Topf angreifen konnte und ich nicht. Da hat sie gelächelt und gemeint: »Ja, ja, das ist ein weiterer Vorteil im Alter!«

Wer tastet am besten?

ab 2 Personen

Sucht aus eurer Knopfkiste **20 verschiedene Knöpfe** aus und legt sie **in eine Schachtel oder unter ein Handtuch** auf den Tisch. Sie dürfen nicht zu sehen sein!

Jetzt greifst du hinein und wählst einen Knopf aus. Nicht hinsehen!!! Du betastest ihn und prägst dir die Form und alle Unebenheiten ganz genau ein. Dann schließt du die Augen und zeigst den anderen den Knopf. Nicht blinzeln! Danach wird der Knopf wieder gut unter die anderen gemischt.

Jetzt musst du versuchen, ihn durch Tasten und Befühlen wieder herauszufinden. Findest du ihn, bist du nochmal dran, sonst ist der Nächste an der Reihe.

Wer zum Schluss die meisten Knöpfe hat, hat gewonnen.

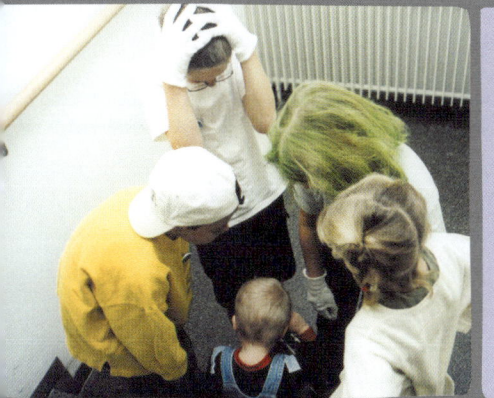

Bine tastet: »Da ist nix. Aber vielleicht ist es da, und wir spüren es mit den Handschuhen nicht. Wir suchen nachher weiter.« Am Weg zum »Einwickelraum« informieren sie die andern. Der Professor kombiniert: »Bestimmt hast du's vorhin nur verloren. Wir müssen eben Augen und Ohren offen halten.«

Lisa, ihre Gruppenleiterin, wickelt ihnen Bandagen um die Knie und eine bunte Weste um die Schultern. Unsicher macht Ben ein paar Schritte: »Na toll – das erschwert die Suche noch!« Jetzt biegt auch noch Chrissis Mutter um die Ecke. »Ich komme mit!« flötet sie. Chrissi rollt verzweifelt mit den Augen.

Tast-Quiz
... und los geht's!

24 | Tast Sinn!

1. Richtig oder falsch? Bedienungsanleitung

Schreibe ein »r« (richtig) oder ein »f« (falsch) in die Kästchen.

1 • Die ganze Körperoberfläche ist mit Tastkörpern ausgestattet. ☐

2 • Reizempfänger nennt man auch Rezeptoren. ☐

3 • Im Mund gibt es keine Tastkörperchen. ☐

4 • Die Tastkörperchen sind gleichmäßig am Körper verteilt. ☐

5 • Der Tastsinn schützt dich vor Gefahren. ☐

6 • Die meisten Tastkörperchen hast du in der Nasenspitze. ☐

7 • Tastkörperchen gibt es nur an der Oberfläche deines Körpers. ☐

8 • Es gibt fünf verschiedene Arten von Tastkörperchen. ☐

9 • Schmerzen sind etwas völlig Überflüssiges. ☐

2. Wie bitte? die Welt be-greifen

Hey, dieser Satz hört ja mittendrin auf! Vervollständige ihn bitte.

Der Tastsinn ist der wichtigste Sinn, weil ...

3. Schlange Kann der Tastsinn älter werden?

Frederic hat wieder einmal am Computer gespielt. Jetzt sind alle Wörter zusammen gerutscht.
Kannst du die Wörter an der richtigen Stelle trennen?

Wennwirälterwerden,verringert sichdieAnzahlderTastkörperche ninunsererHaut.AlteMenschen könnendahernichtmehrsogut- fühlen.Siebewegensichlangsam erundachtsamer.

....
....
....
....
....

4. Verschlüsselte Wörter Streck' die Fühler aus!

Wenn du die Zeichen entschlüsselst, weißt du, wofür die verschiedenen Arten von Tastkörperchen zuständig sind.

± = H	Ø = S	$ = B	£ = K	^ = D	⁞ = Z	÷ = Ü	• = N	¿ = O
◀ = P	□ = R	▶ = E	٭ = H	® = I	Ÿ = M	@ = V	¥ = T	# = U
¶ = C	Œ = G	∫ = A						

Lösungen ?!

Die Auflösungen zum Tast-Quiz findest du auf Seite 87 im Wörterbuch.

Tast Sinn! | 25

5. die Haut Bauplan

Die Haut ist unser (kleinstes oder größtes?) .... **Sinnesorgan.**

Die **drei Schichten** unserer Haut heißen:

....

....

....

Sie wachsen **aus der obersten Schicht** heraus:

....

Die **mittlere Schicht** der Haut enthält

....

....

Im **untersten Teil** der Haut ist

....

zum

....

rau · laut · blau · schwer
rot · weich · grell
nass · hell · dunkel · kalt
  · spitz · leise
saucr · glatt
farblos · leicht · warm
hart

Den täuscht so leicht keiner!

6. Malrätsel

rau • laut • leise • grell • schwer • blau • weich • rot • nass • hell • dunkel • kalt • warm • spitz • glatt • leicht • sauer • hart • farblos

Hier findest du Eigenschaften, die du mit deinen 5 Sinnen wahrnehmen kannst. Nimm dir Buntstifte und male einen Luftballon um jene Eigenschaften, die du nur mit deinem Tastsinn sicher bestimmen kannst. Zeichne Schnüre an die Luftballons und gib sie Frederic in die Hand. Der wird sich bestimmt freuen!

7. ankreuzen: Die Nummer 1 der Sinne

Wir fühlen:
☐ mit 3 Monaten
☐ mit einem Jahr
☐ im Bauch der Mutter

Der Tastsinn ist ...
☐ ein Fernsinn
☐ ein Unsinn
☐ ein Nahsinn

Babys stecken alles in den Mund, weil:
☐ sie immer hungrig sind
☐ hier die meisten Tastkörper sind
☐ sie mit der Zunge Farben erkennen

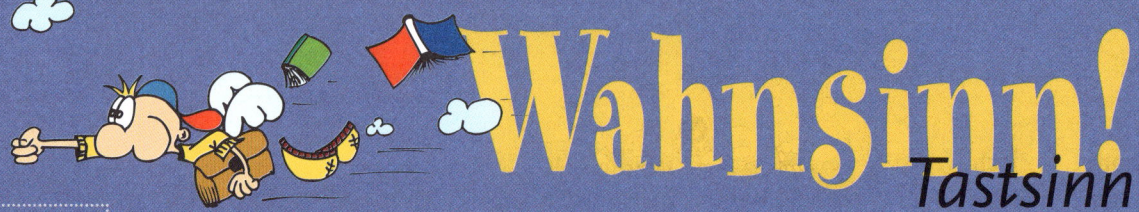

Wahnsinn! Tastsinn

sinn-lose Frage: Kann das Klavier mit seinen Tasten tasten???

Das piekst!

Normalerweise tragen wir Socken und Schuhe. Daher sind die Fußsohlen sehr empfindlich. Du spürst jedes Steinchen. Wenn du aber im Sommer häufig barfuß gehst, bildet sich eine harte Schicht über der weichen Haut, die Hornhaut.

Sie schützt die Sohlen und du spürst die kleinen Steine nicht mehr. Früher sind alle Menschen barfuß gelaufen. Bei Kälte haben sie sich Felle um die Füße gewickelt.

Kannst du Wörter zeichnen?

Es gibt eine Menge Sprichwörter, die sich auf das Tasten und Fühlen beziehen.

Fallen dir und deinen Freunden weitere ein?
Zeichnet die Sprichwörter und lasst die anderen raten, welches gemeint ist.

Es juckt mich in den Fingern … .

Sich die Finger verbrennen.

Ich spür' es bis in die Fingerspitzen.

Ich werde mal meine Fühler ausstrecken.

Jemanden wie ein rohes Ei behandeln.

Wer nicht hören will, muss fühlen!

Rezept Nr. 1: Knetbatzquatschgatsch-Teig

Das Ergebnis dieses Rezeptes kannst du nicht essen. Du würdest dir daran die Zähne ausbeißen und es schmeckt abscheulich! Aber der »Teig« soll ja deinen Tastsinn erfreuen.

Das benötigst du:
Mehl, Salz und Wasser

Und deshalb darfst du herummantschen, quatschen, kneten, wie es dir gefällt. Deiner Mutter zuliebe solltest du aber vorher den Tisch mit Zeitungspapier auslegen. Alles klar? Dann lass' uns beginnen!

Nimm eine große Schüssel und vermische darin **3 Tassen Mehl** mit **1 Tasse Salz**.

Nach und nach gibst du nun **1 1/2 Tassen Wasser** dazu. Ganz langsam. Und jetzt das Wichtigste: den **Teig durchkneten**, so fest, dass es gatscht und quatscht.
Das machst du mindestens so lange, bis dein Teig **frei von Klümpchen ist**. Jetzt kannst du daraus tolle Figuren formen!

Dann lässt du sie auf einem Backblech auf kleinster Stufe im Backofen etwa **eine Stunde lang trocknen**.

He, hast du Lust, deine Figuren mit Wasserfarben zu **bemalen**?

Du kannst den Teig auch selber färben, indem du im Wasser **Lebensmittelfarben** auflöst, bevor du es daruntermischst.
Dabei solltest du allerdings **Gummihandschuhe** tragen. Außer, es macht dir nichts aus, einen Tag lang als »Rächer mit der grünen Hand« herumzulaufen. **Viel Spaß!**

Wusstest du? Schätze doch mal, wieviel Haut ein Erwachsener hat und wieviel sie wiegt! **Die Gesamtoberfläche der Haut eines Erwachsenen beträgt ca. 1,8 m² und wiegt etwa 5,6 kg.**

fan **tast** isch!
uner **hör** t! • ri(e)ch tig toll! • auf **sehen** erregend! • **geschmack** voll!

| **Tast** Sinn! | **27** |

Einfach tierisch!
Wie geht das Tasten bei den Tieren?

Viele **Käfer**, aber auch andere **Insekten** tasten mit ihren **Fühlern**. Die längsten Fühler hat übrigens der Bockkäfer aus Neuguinea. Sie werden 20 cm lang und haben Gelenke. Hol dir ein Lineal und miss 20 cm ab. Du wirst staunen!

Katzen verwenden ihre langen **Schnurrhaare zum Tasten**. So können sie sich in dunklen Räumen zurechtfinden.
Die Katze kann mit ihnen auch ausmessen, ob ein Loch groß genug für sie ist. Ohne Schnurrhaare könnte sie stecken bleiben.

Die **amerikanische Flachland-Taschenratte** lebt in langen unterirdischen Gängen. Sie verwendet ihren langen **Schwanz als Tastorgan**.

Wenn eine **Spitzmaus**familie durch ihre dunklen Gänge wandert, berühren sich die Jungen mit der **Schnauze**. So können sie sich nicht verlieren.

Bienen tasten mit ihren **Fühlern**.

Das **australische Schnabeltier** jagt seine Beute am Grund schlammiger Gewässer und verlässt sich ganz auf den empfindlichen Tastsinn im Schnabel.

Spinnen haben viele feine Härchen an den Beinen und am Körper. Sobald sich ein Beutetier im Netz verfängt, fangen die **Haare an den Beinen** an zu zittern.

Etwas ganz Gemeines: **Mücken**. Mücken sind **temperaturempfindlich**: Mit ihren Fühlern erspürt das Mückenweibchen schon aus einigen Metern Entfernung die warme Menschenhaut und findet dich auch im Dunkeln – **Aua!**

Gänsehaut !!!

Hast du dich schon einmal gefragt, wozu die »Gänsehaut« eigentlich gut ist? Und wie sie entsteht?

*Die »Gänsehaut« wird durch einen **Reflex** ausgelöst: bei großer Kälte **richten sich die Körperhaare (Fell) auf**. Zwischen den aufgerichteten Haaren bildet sich nun ein **Luftpolster** als schützende Schicht zwischen dem warmen Körper und der kalten Außenluft.*

Wenn eine Katze im Schnee einer Maus auflauert, sieht sie aus wie ein Wollknäuel, weil sie ihr Fell aufplustert.

*Für uns ist dieser Reflex heute eigentlich nutzlos – wir haben ja kein Fell mehr. Bei unseren Ur-ur-ur-Ahnen war das ein wenig anders: Statt der Kleidung hatten sie einen stark behaarten Körper: ein richtiges Fell. Und wenn ihnen kalt war, dann haben sich die **Haare ihres Felles aufgerichtet**, so wie die feinen Härchen an deinen Armen es auch heute noch tun, wenn dich friert.*

Sehsinn

Kann man Licht essen?

Welches Tier hat so große Augen wie der Vorderreifen deines Fahrrades?

Wie viele Liter Tränen vergießt du im Laufe deines Lebens?

Wie lange dauert einmal Blinzeln?

Warum können Katzen bei Dunkelheit sehen?

Sie stehen jetzt vor der Stoffbahn. Darauf haben sie gewartet! Bei der Ankunft hat Chrissi so wild mit den Händen gefuchtelt, dass das Kettchen bestimmt unter den Stoff gefallen ist. Ben will nachsehen, da mahnt Lisa: »Getastet wird hier nur mit den Füßen! Aber vorher hab ich noch was für euch.«

Sie hält eine Brille hoch. »Die hätte ich fast vergessen! Eure Augen sind noch ein wenig zu jung – das ändern wir jetzt.« Stöhn! Auch das noch – die Brillen sind ja ganz trüb. »So. Wollen die älteren Herrschaften mir bitte folgen?« Sie bemerken, dass der Schlauch mit verschiedenen Materialien gefüllt ist.

Ich sehe was, was du nicht siehst!

Seh Sinn! | 29

Der Sehsinn ist ein Fernsinn.

Das heißt, dass du auch Dinge sehen kannst, die weit entfernt sind.

Du brauchst sie nicht zu berühren, um sie wahrzunehmen.

Den Stern am Himmel kannst du nicht angreifen. Du musst deinen Augen einfach glauben, dass er da ist.

Wenn du ihn nicht mehr sehen willst, machst du einfach die Augen zu.

Augenlider runter - dunkel - Stern weg.

Mal ist der Boden hart, dann wieder so weich, dass sie einsinken. »Hilfeee!« Fast wäre Bine über etwas Großes gestolpert. Ben kann sie gerade noch auffangen. »Mann! Wie soll man da was spüren? Und mit der Brille sehe ich so wenig. Die Kette können wir vergessen!« Chrissi hat Tränen in den Augen.

Ben hat Mitleid. »Nix da! Wir geben nicht auf! Konzentriert euch! Geht langsam! Wenn wir nicht alles sehen können, und nichts richtig spüren, dann müssen wir eben doppelt aufpassen.« Er tastet den Boden ab. Eigentlich ist er gar nicht so von ihrem Erfolg überzeugt, aber das sagt er den anderen natürlich nicht.

Tastsinn trifft Sehsinn

Ben meint: »Ich muss dringend Augenschondienst machen.« Was wird Ben gleich tun?

Welche Farbe hat die Welt?

Zuerst erforscht das Baby die Welt mit dem Tastsinn.

Schön langsam beginnt es aber, auch **die anderen Sinne zu gebrauchen**.

Bald schon dreht es den Kopf, um all die bunten Dinge im Kinderzimmer zu entdecken. Das hast du auch einmal so gemacht.

Vom Tastsinn weiß das Baby ja schon, wie manche Dinge sich anfühlen. **Durch den Sehsinn** bekommt es nun **noch andere Informationen**, die es mit dem Tastsinn alleine nie erfahren könnte.

Die runde Rassel in seiner Hand hat jetzt plötzlich eine Farbe – blau vielleicht – und außerdem glänzt sie wunderschön im Licht.

Wusstest du?

Alle Babys kommen mit blauen Augen auf die Welt.

Die spätere Augenfarbe entwickelt sich im ersten Lebensjahr.

Bei der Geburt kann man noch nicht sagen, welche Augenfarbe das Kind einmal haben wird.

der Sehsinn lernt vom Tastsinn - Beispiel

Frederic erwischt Lilli, die kleine Katze. **Er drückt sie an sich** (arme Lilli!) **und sieht sie an.**

Er **spürt (Tastsinn)**: mmh, warm, kuschelig, weich, flauschig. Und mit den Augen **sieht er (Sehsinn)**: graues Fell, fransig und die typische Katzenkörperform. In Frederics Kopf gehört das jetzt fest zusammen.

Wenn Frederic Lilli später sieht, weiß er, ohne sie anzugreifen: »Ah, kuschelig, flauschig, weich, warm: Katze!«

Und er wird wieder versuchen, sie zu erwischen. Aber Lilli hat auch gelernt. Sie sieht Frederic und denkt: »Typische Babykörperform, Hilfe! Quetschgefahr!« Und weg ist sie!

Lisa wartet am Ende der Strecke. Ben landet als erster. Dann kommt der Professor und zischt ihm ins Ohr: »Hast du was entdeckt? Mit der Brille hab ich nur die Hälfte gesehen.« Ben schüttelt den Kopf. Bine stolpert daher: »Man denkt, es kommt was Hartes und versinkt plötzlich in was Weichem.

Ich kenn mich nicht mehr aus und gefunden hab auch auch nix.« Bleib noch Chrissi. Die Bande erkennt schon an ihrem Gesicht, dass auch sie nichts gefunden hat. Lisa führt sie zu dem Gang mit den vielen hängenden Sachen. Wieder heißt es aufpassen. Lisa erklärt: »Im Alltag braucht ihr viele dieser Dinge:

Der Sehsinn ist ein Fernsinn

Das heißt, dass du auch Dinge sehen kannst, die weit entfernt sind.
Du brauchst sie nicht zu berühren, um sie wahrzunehmen.

Sehsinn und Tastsinn arbeiten zusammen

Das Auge lernt vom Tastsinn, wie sich Dinge anfühlen.

Seh Sinn!

Was? Das Auge lernt?

Du siehst: Das Auge lernt vom Tastsinn und beginnt, ihn zum Teil zu ersetzen.

Du brauchst nicht mehr hinzugreifen, um zu wissen, dass das Kätzchen weich ist oder dass sich Eis kalt anfühlt.

All das ist in deinem Gehirn schon fest gespeichert. Allerdings musst du das Kätzchen dazu mindestens einmal gestreichelt und das Eis mindestens einmal gefühlt haben.

Das Tastgefühl verbindet sich in deinem Gehirn ganz fest mit dem gesehenen Bild.

Kann das Auge jetzt tasten ???

Natürlich nicht. Aber es hat gelernt. Du weißt ja auch schon von wem (denk' an die arme Lilli).

Noch ein kleines Beispiel: Du siehst zu Boden und erkennst sofort: »Der Boden ist glatt, hart, weich, rau, ...« und bewegst dich dementsprechend.

Verstehst du jetzt, was es heißt, **vor-sichtig** sein zu können? Genau! Erst nach vorne sehen, dann bewegen! Dadurch werden schnelle Bewegungen, wie Laufen oder Schifahren, überhaupt erst möglich.

Deine Augen sind dir also immer einen Schritt voraus.

Experiment

Testet, wie gut euer Auge vom Tastsinn gelernt hat:

*Jeder sucht **5 verschiedene Gegenstände** aus und stellt sie vor sich hin. **Die anderen müssen jetzt ganz genau beschreiben**, wie sich die Gegenstände anfühlen. **Ohne sie vorher anzugreifen!***

Bestimmt werdet ihr einige Eigenschaften allein mit den Augen erkennen (andere aber nicht, etwa »kalt« oder »kuschelig«). Ihr habt sie trotzdem beschreiben können: Eure Augen haben also gelernt. Na, wie viele Treffer hast du erreicht?

Tuben, Fläschchen, Knöpfe ... . Probiert aus, ob ihr diese Dinge auch als ›alte Menschen‹ noch gut verwenden könnt. Achtet vor allem auf die Ablaufdaten, die wir in das Buch da geklebt haben! Mal sehen, was euch auffällt.« »Hoffentlich das Kettchen«, flüstert Chrissi. Die anderen nicken verschwörerisch.

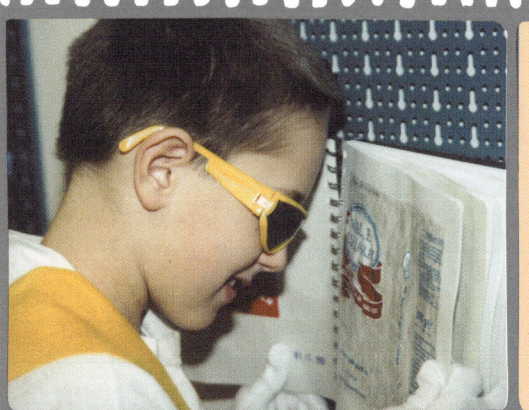

Gleich beginnen sie, Verschlüsse zu öffnen, Tasten zu drücken und vor allem, hinter allem nach dem Kettchen zu suchen. Der Professor klebt mit seiner Nase schon am Buch mit den Ablaufdaten: »Verdammt – die sind so klein geschrieben, da würd ich mir glatt eine Lebensmittelvergiftung holen!«

Bauplan
und Bedienungsanleitung

Seh Sinn!

dein Auge — außen

Die **Augenbrauen** und **Wimpern** dienen zum Schutz des Auges vor Fremdkörpern (Fliegen, Dreckspritzer, Schweißtropfen, ...).

Die **salzigen Tränen** halten das Auge feucht und schwemmen Schmutzteilchen aus. Die **Lider** verteilen durch das Blinzeln die Tränenflüssigkeit.

Sehen wie ein Adler

Deine Augen sind durch ein perfektes Sicherheitssystem geschützt. Um sie »scharf« zu halten, solltest du ihnen Abwechslung gönnen:

Auch wenn der Film oder das Computerspiel noch so spannend ist: gönne deinen Augen Pausen, auch sie werden manchmal müde!

Wusstest du? Einmal Blinzeln dauert etwa 0,3 bis 0,4 Sekunden.

Das ist ungefähr eine halbe Stunde am Tag, oder 182 Stunden oder siebeneinhalb Tage im Jahr.

dein Auge Bedienungsanleitung

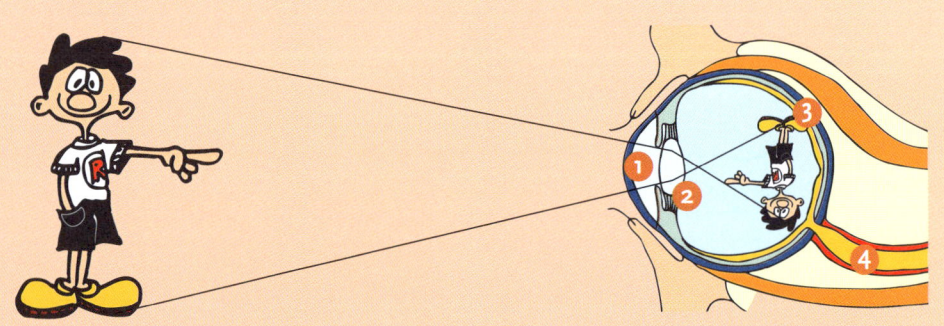

1. Durch die **Pupille** kommt ein Bild aus Licht ins Auge.
Durch Zusammenziehen oder Weiten sorgt die **Iris** dafür, dass nicht zu viel Licht hineinkommt.
2. Jetzt muss das Licht-Bild durch die **Linse** hindurch.
Sie hilft dem Auge, sich auf etwas Nahes, oder auch auf etwas weit Entferntes einzustellen.
3. Dann gelangt es durch den **Glaskörper** auf die **Netzhaut** auf der Rückseite des Auges (Stäbchen und Zapfen). Allerdings steht es jetzt auf dem Kopf!
4. Die Netzhaut schickt die Informationen durch den **Sehnerv** (Verbindungskabel) in dein **Gehirn**. Dort wird das Bild wieder umgedreht und du siehst richtig herum.

»Verdammt! Warum musst du auch immer so mit den Händen fuchteln?« Jetzt weiß auch Dani keinen Rat mehr. Chrissi sieht aus, als würde sie jeden Moment zu heulen beginnen. Schnell fügt er hinzu. »Aber bestimmt finden wir das Kettchen an der nächsten Station!« Bedrückt folgen sie Lisa.

»Um vor-sichtig sein zu können, müssen die Augen gut funktionieren. Um Hindernisse schnell scharf stellen zu können, gibt es im Auge eine besondere Einrichtung: die Linse. Bei euch geht das blitzschnell. Bei älteren Menschen dauert es schon ein bisschen länger. Das kann gefährlich werden ... .«

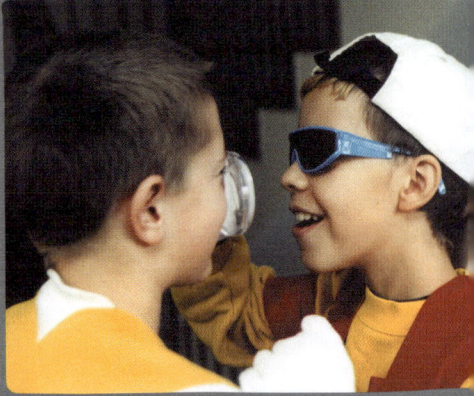

Deine Augen sind gut geschützt

Sie liegen in den Augenhöhlen des Kopfes – gut gepolstert in Fettgewebe. Augenbrauen, Wimpern, Tränen und Augenlider schützen sie vor Schmutz und zu starker Sonne.

Du musst aber auch selber etwas tun:

Gönne ihnen Pausen vom Fernsehen und Computerspielen. So bleiben sie gesund.

Seh Sinn! 33

dein Auge Bauplan

Das Auge liegt in der Augenhöhle und ist gut geschützt in Fettgewebe eingepolstert.

Die **Lederhaut** umhüllt schützend den Augapfel

Vorne ist sie durchsichtig wie ein Fenster und heißt **Hornhaut**

Die **Regenbogenhaut**, auch **Iris** genannt, gibt dem Auge die Farbe

Diese **Öffnung in der Iris** sieht schwarz aus und heißt **Pupille**

Die **Linse** stellt Nah und Fern ein

Der **Glaskörper** ist mit einer klaren Flüssigkeit gefüllt. So bleibt das Auge fest und rund

Die **Netzhaut** besteht aus den **Stäbchen** und den **Zapfen** (**Rezeptoren**)

Sehnerv (Kabel zum Gehirn)

Das Auge kann durch die sechs **Augenmuskeln** in alle Richtungen **bewegt werden**

DER AUGAPFEL IST KUGELRUND, MIT LEDERHAUT DRUMRUM,
DIE IRIS MACHT IHN VORNE BUNT, DIE HORNHAUT MACHT IHN KRUMM.

DAMIT WIR SCHÖNE DINGE SEH'N, MUSS LICHT DURCH DIE PUPILLE GEH'N.
APFELKERNE, FUNKELSTERNE, DIE LINSE REGELT NAH' UND FERNE.

GANZ HINTEN IST DIE NETZHAUT DRIN, MIT EINEM SEHNERV DRAN
DER SCHICKT DAS BILD - NOCH STEHT ES KOPF - ZUM OBERSTÜBCHEN DANN.

Lisa zaubert bunte Lupen hervor. Die Bande beginnt gleich zu experimentieren. »Braucht ziemlich lange, bis ihr scharfgestellt habt.« Lisa schmunzelt: »Genau so ist das mit der Linse älterer Augen. Die braucht auch lange zum Scharfstellen. Darum gehen alte Menschen vorsichtiger.«

»Mit der Brille habe ich die Hindernisse schlecht vorhersehen können. Überhaupt, wenn alle die gleiche Farbe haben!« »Was könnte man da machen?« Dani hat die Lösung: »Markieren?« »Sehr gut!« Lisa drückt jedem ein Stück buntes Klebeband in die Hand. Frederic betrachtet seines interessiert.

Netzhaut
Stäbchen und Zapfen

Seh Sinn!

Experiment

Teste den Lichtschutz deiner Pupille!

Geh' mit einem Spiegel und einer Taschenlampe in einen abgedunkelten Raum.

Jetzt schau in den Spiegel: Deine Pupillen sind jetzt ganz groß. Nun leuchte mit der Taschenlampe (nicht zu knapp) zu deinen Augen.

Was passiert? Die Pupillen verengen sich blitzschnell. So kommt weniger Licht durch und das Auge ist geschützt. Perfektes System!

Wusstest du?

Manche Menschen können Farben nicht unterscheiden. Meist Grün und Rot: die zuständigen Zapfen funktionieren nicht richtig.

Fällt eine Zapfenart ganz aus, kann eine Rot-, Grün-, oder Blaublindheit auftreten.

Warum sind nachts alle Katzen grau?

Die **Netzhaut** deines Auges besteht aus Millionen von Lichtsinneszellen (Rezeptoren). Es gibt **zwei Arten**, die ihre Namen ihrer Form verdanken: **Stäbchen und Zapfen**.

Mit den **Zapfen** kannst du **Farben** sehen. Aber nur bei Licht. In deinem Auge gibt es 6 Millionen Zapfen.

Mit den **Stäbchen** kannst du **Hell und Dunkel** unterscheiden. Sie werden in der Dämmerung aktiv.

Stäbchen gibt es viel mehr als Zapfen, nämlich etwa 120 Millionen!

Die Stäbchen und Zapfen verwandeln alles, was du siehst in elektrische Signale (Morsezeichen). Die werden dann durch den Sehnerv an dein Gehirn geschickt.

Das geht wahnsinnig schnell, denn du musst ja auf Gefahren, aber auch auf tolle Entdeckungen blitzschnell reagieren.

Bei **Dunkelheit** sind die **Stäbchen** aktiv. Du kannst nur **Grautöne** erkennen und **Hell und Dunkel** unterscheiden. Die Pupillen sind weit geöffnet.

Die **Zapfen** lassen dich bei **Licht** die verschiedenen **Farben** erkennen. Deine Pupillen sind kleiner als bei Dunkelheit.

Lisa führt sie in ein dunkles Stiegenhaus: »Da waren wir schon!« Chrissis Augen funkeln: »Vielleicht finden wir ... « Da biegt ihre Mutter um die Ecker »Na, was wollt ihr finden?« Schon will Chrissie gestehen, da fällt ihr der Professor ins Wort: »Wir suchen eine Lösung, wie man Hindernisse besser erkennen kann.«

Puh! Gerade nochmal gutgegangen. Chrissi wirft ihm einen dankbaren Blick zu. Dann fällt ihr Blick auf Frederic. Gleichzeitig prusten alle los. Frederic hat sich ganz und gar mit Klebeband umwickelt. Er sieht aus, wie ein großer Rollschinken. »Hey Frederic – der Streifen soll auf die Stufen und nicht auf dich!«

Stäbchen
sorgen dafür, dass wir in der Dämmerung sehen können.

Zapfen
ermöglichen uns das Farbensehen – aber nur bei genügend Licht.

Seh Sinn! | 35

Darum sind nachts alle Katzen grau!

Du weißt ja schon: Die **Zapfen** auf deiner Netzhaut sind für das Farbensehen zuständig.

Sie **funktionieren aber nur bei Licht**. Bei Dämmerung oder Dunkelheit fallen sie aus – deshalb kannst du nachts keine Farben erkennen.

Jetzt kommen die **Stäbchen** zum Einsatz: Sie reagieren nämlich auch auf sehr schwache Lichtreize.

So kannst du **auch bei Dunkelheit noch sehen**, allerdings nur in Grautönen. Die Farben sind weg.

Deshalb sagt das Sprichwort: »Nachts sind alle Katzen grau«.

Experiment

Wie viele verschiedene Farben siehst du in den Quadraten links?

Schließe die Vorhänge und mach das Licht aus. Es muss möglichst dunkel sein. Wie viele verschiedene Farben kannst du jetzt erkennen?

Du hast im dunklen Raum weniger Farben gesehen, stimmt's? Bei Licht nehmen die Zapfen alle Farben wahr. Bei Dunkelheit fallen die Zapfen aus und die Stäbchen kommen zum Einsatz. Und du siehst nur mehr graue Kästchen ... .

Sie befreien ihn und kleben die bunten Streifen auf die Stufenkanten. »So, jetzt geht die Stufen auf und ab. Welche Farbe ist am besten zu sehen?« Chrissi hüpft die Treppen herunter. »Der Blaue ist ganz schlecht. Viel zu dunkel. Aber der Weiße von Bine ist gut. Und den Gelben sieht man am besten.«

»Stimmt« – sie sind sich einig. »Na, da habt ihr die Lösung ja gefunden!« Chrissis Mutter ist begeistert. Die Bande zuckt zusammen. »Jaja«, murmeln sie: »Die hätten wir gefunden.« Mit Verschwörermiene schauen sie sich an. Bei der Lösung ihres größten Problems war allerdings keiner von ihnen erfolgreich.

Euglena - Erfinderin des Auges

Seh Sinn!

Kann man Licht essen?

Die Anfänge des Sehsinnes finden wir bei einem kleinen **Geißeltierchen** namens **Euglena**. Und zwar vor 3 Milliarden Jahren. Da gab es uns Menschen noch lange nicht!

Euglena gibt es auch heute noch. Sie ist ein **winzig kleines Lebewesen**. So klein, dass du sie nur mit einem Mikroskop sehen kannst.

Euglena kann etwas, das sonst nur Pflanzen können: Sie **ernährt sich von Licht, Luft und Wasser**.

Du würdest wohl viel lieber ein leckeres Stück Kuchen essen. Aber Euglena lässt den besten Kuchen für einen Lichtstrahl glatt stehen!

So sieht **Euglena** aus. Der **rote Punkt** ist der **Augenfleck**, oben heraus kommt die Geißel.

Wie findet man Licht? Man erfindet das Auge!

Wenn die kleine Euglena nicht verhungern wollte, musste sie also immer genau dort sein, wo das Licht war. So haben diese Winzlinge vor 3 Milliarden Jahren das Auge erfunden.

Natürlich nicht so ein perfektes Auge wie du es hast, aber immerhin einen lichtempfindlichen »**Augenfleck**«.

Mit ihm konnte Euglena das Licht sehen und mit Hilfe ihrer Geißel – das ist der lange Schwanz – wie mit einer Schiffsschraube dorthin schwimmen. »Mmhhh, Futter!!!«

Wusstest du?

Im Laufe des Lebens produziert ein Mensch ca. 70 Liter Tränenflüssigkeit. Die braucht er aber nicht nur zum Weinen. Das Auge wird durch die Flüssigkeit immer feucht gehalten. So bleibt es gesund und sauber.

»Leute, so geht das nicht. Wir brauchen einen Plan!« Die Bande schaut den Professor erwartungsvoll an. Er hat in brenzligen Situationen schon öfter das Ruder übernommen. »Ja, ein Plan muss her«, wiederholt Bine mit bedeutungsvollem Blick: »Und? Hast du schon einen?«

Dani verdreht die Augen: »Den machen wir jetzt! Oder denkt ihr, bei mir spuken die Pläne fertig im Kopf herum?« Scheinbar hatten die anderen **genau das** erwartet. »Ok!« Er schaut verstohlen um die Ecke. Die Luft ist rein. »Chrissi, wann hast du das Kettchen das letzte Mal gesehen?«

Ohne Licht kein Leben

Das Licht ist der stärkste Reiz für alle Lebewesen. Ohne Licht ist Leben kaum möglich.

Vom Augenfleck zum Auge

Aus dem Augenfleck des Tierchens Euglena hat sich in drei Milliarden Jahren das hochspezialisierte Auge entwickelt.

Seh Sinn!

Vom Augenfleck zum Adlerauge

Ja, und weil diese »Augenfleck-Erfindung« so erfolgreich war (Euglena war ja nun immer satt ...), hat sich in vielen Millionen von Jahren unser perfektes Sinnesorgan Auge entwickelt.

Und dein Auge ist noch nicht einmal die Luxusausführung. Denk' an den Adler, der in riesengroßer Entfernung noch scharf sieht. Oder an eine Eule, die sogar bei Nacht eine Maus am Boden erkennt.

unverwüstlich: Euglena gibt es heute noch!

Euglena gibt es heute immer noch in unseren Gewässern. Das ist ein Glück, denn diese kleinen Tierchen **erzeugen beinahe die Hälfte des gesamten Sauerstoffes unserer Erde**. Und das, obwohl sie so winzig klein sind!
Und wie du weißt, ist Sauerstoff für uns und fast alle anderen Lebewesen **lebenswichtig**. Er ist ein Teil der Luft, die wir atmen.

Lexikon

Geißeltierchen
Das sind winzig kleine Tierchen, die es schon seit Milliarden von Jahren gibt.

Die Geißeltierchen haben ihren Namen von der langen Geißel, einer Art Schwanz, mit dem sie sich fortbewegen.

Chrissi dreht an ihren Zöpfen, wie immer, wenn sie angestrent nachdenkt. »Zu Hause beim Zeitmaschinenflug.« Chrissis Zöpfe sehen schon aus wie gekringelte Strubbelfell-Schlangen. »Und dann ist alles so schnell gegangen. Aber abgelegt hab ich das Kettchen bestimmt nicht. Das wüsste ich!«

»Wir müssen also annehmen, dass das Kettchen hier ist.«
Wieder steckt der Professor den Kopf um die Ecke. »Die Luft ist rein. Also weiter. Wir brauchen ein System. Ich schlage vor, wir bilden zwei Teams. Ben und ich sind Team 1. Chrissi, Bine und Frederic sind Team 2.« Die anderen nicken.

Ich glaub' ich seh' nicht richtig

Seh Sinn!

Mache dieses Experiment möglichst schnell! Schau auf die Wörter und nenne die **Farbe** (nicht das Wort!).

Gelb Orange Blau Rot
Grün Violett Schwarz
Gelb Schwarz Blau Rot
Orange Grün Violett
Gelb Blau Violett Rot
Grün Schwarz

Jetzt reicht's aber!
Möchtest du, dass die beiden Streithähne aufhören zu zanken? Ganz einfach: gehe mit der Nasenspitze ganz hin zu Bens Schulter.

Schau genau hin!

Befindet sich der **schwarze Punkt näher an der oberen Spitze** des Dreiecks oder ist er **näher an der Grundkante**? Oder ist der Punkt **von beiden gleich weit** entfernt? He, weg mit dem Lineal!

Der Links – Rechts Konflikt:
Deine rechte Gehirnhälfte (die bildhafte) will die Farbe benennen, deine linke Hälfte (denkt in Wörtern und Zahlen) liest das Wort und spricht es aus. Kompliziert? Überhaupt nicht! Blättere doch mal vor auf Seite 88!

Wusstest du?

Wenn das Gleichgewicht der Augenmuskeln gestört ist, kommt es zum Schielen.

Auch Babys schielen, weil sie ihre Augenmuskeln noch nicht richtig steuern können. Das ist ganz normal – sie lernen es bald und die Augen schauen in die gleiche Richtung.

Wieviele Beine hat der Elefant? Bist du da ganz sicher?

Sind die grauen waagerechten **Linien parallel** oder verlaufen sie **in Schlangenlinien**?

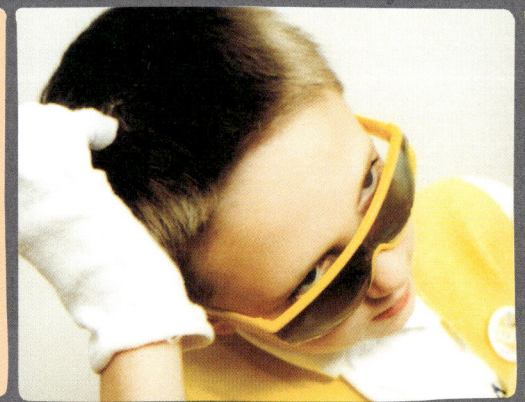

»Super!« Chrissi ist erleichtert. »Und was machen die Teams jetzt?« Bine ist noch nicht überzeugt. Dani kratzt sich am Kopf. »Na die Teams, die suchen jetzt.« »Und wo ist da der Unterschied?« »Naja, vorher haben wir zu ungenau gesucht. Jetzt bekommt jedes Team einen Bereich zugeteilt.

So kann uns nichts mehr entgehen.« »Ah! Klingt logisch.« In diesem Moment biegen Lisa und Chrissis Mutter um die Ecke: »Na? Können wir zur nächsten Station gehen?« Und damit biegt Lisa schon um die Ecke. Die Bande beeilt sich, ihr zu folgen – Lisa will wohl die vertratschte Zeit wieder aufholen.

Kannst du deinen Augen trauen?

Du kannst deinen Augen nicht immer trauen.
Manchmal »beschummeln« sie dich. Wie? Das glaubst du nicht?
Na, dann schau doch einmal die Beispiele auf dieser Seite an …

Seh Sinn! | 39

Was ist denn hier los?!
Ist Bine gewachsen? Oder geschrumpft?

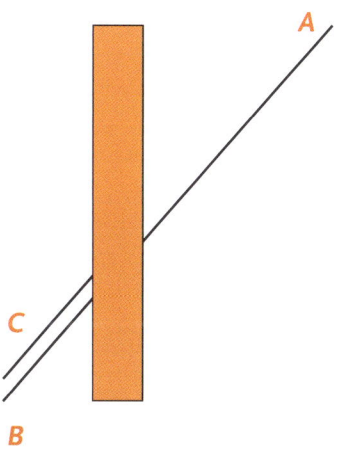

Läuft die Linie A in Linie B oder C weiter?

Nicht zu erkennen? Prüfe es doch mit einem Lineal nach!

Indianische Zeichen? Germanische Runen? **Kannst du das entschlüsseln?**

Zähl die schwarzen Punkte!

Ist das Ben, der Saxofon spielt, oder ein Frauengesicht?

Sie gehen zurück zum Saal. Chrissi zieht die anderen am Pullover: »Vielleicht hab ich es hier verloren.« »Ok. Team 1 nimmt sich den Boden vor, Team 2 sucht auf den Tischen und in den Kistchen.« »Na? Sucht ihr immer noch nach Lösungen?« Chrissis Mutter ist überrascht vom Eifer der Bande.

»Jjja« stammeln sie. »Na fein«, mischt sich Lisa ein, »dann setzt euch hin und behaltet Brillen und Handschuhe an«. Klar – es wäre sonst zu leicht gewesen. Am Weg zu den Tischen suchen Dani und Ben den Boden ab. »Hey Prof!« Ben hält ihn am Ärmel fest. »Schau da!« Da glänzt was in der Ecke … .

Kann der Sehsinn *älter* werden?

Die Sehkraft lässt nach

Dir ist bestimmt schon aufgefallen, dass alte Menschen sich unsicherer bewegen. Sie schauen angestrengter und länger auf eine Sache, ehe sie sie erkennen. Häufig brauchen sie eine starke Brille.

Im Alter verringert sich die Sehkraft und manchmal sehen alte Menschen **verschwommen** und wie durch einen grauen Schleier.

Oft haben sie das Gefühl, kleine, **dunkle Punkte** zu sehen (das ist, wie wenn du durch eine schmutzige Scheibe schaust: du kannst zwar alles sehen, aber nur ungenau erkennen).

Beim **Autofahren** dauert es länger, bis sich die Augen im Tunnel **an die Dunkelheit und dann wieder an das Licht gewöhnen**. Das kommt daher, dass die **Iris** sich nicht mehr schnell genug zusammenziehen und wieder öffnen kann.

Die Linse reagiert langsamer

Die **Linse** im Auge ist **nicht mehr so elastisch**, das heißt, sie kann sich nicht mehr so schnell auf verschiedene Entfernungen einstellen. Das Bild wird nur langsam »scharf«.

Eine Treppenstufe oder eine Gehsteigkante wird oft erst zu spät erkannt. Dabei kann es zu schlimmen Unfällen kommen.

Stell dir vor, wie anstrengend das Herumspazieren, Lesen oder erst das Laufen wird.

Du kannst alten Menschen in so einer Situation weiterhelfen: Beim Lesen eines Straßenschildes oder des Ablaufdatums bei Lebensmitteln. Sie werden dir sehr dankbar sein.

Denk' also dran:
Auch deine Augen werden einmal schwächer und dann freust du dich wahrscheinlich auch über einen »scharfsichtigen« Gehilfen.

Wusstest du?

Die Augenmuskeln sind die aktivsten Muskeln deines Körpers. Sie bewegen sich pro Tag ca. 100.000 mal.

Auch in der Nacht beim Träumen stehen deine Augen nicht still, sondern bewegen sich. So, als würdest du im Traum einen Film sehen.

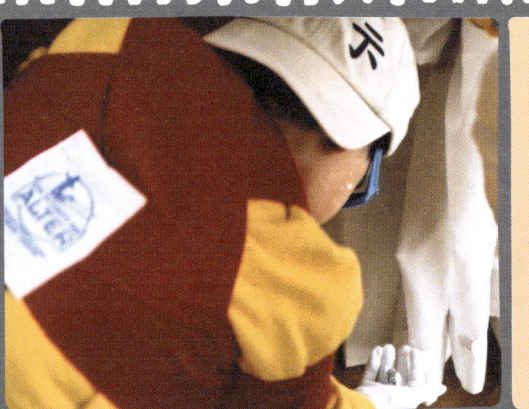

Super! Fall gelöst, Kettchen gefunden. So einfach geht das, wenn einer einen guten Plan hat! Chrissi kann es wieder an seinen Platz legen und niemand merkt, dass es jemals weg war!
Team 1 ist eben ein Siegerteam! Na, Chrissie wird vielleicht Augen machen ... !

Ben hebt das Kettchen auf: »Das kann doch nicht wahr sein!« Verdutzt starren beide auf das Ding in Bens Hand. Ben sinkt auf den Sessel: »Kaugummipapier! Wir haben uns von Kaugummipapier täuschen lassen!« Der Professor sagt gar nichts, aber seine Enttäuschung ist nicht zu übersehen.

Im Alter werden die Augen schwächer
Das Sehen wird schwieriger und auch anstrengender (Buchstaben, Zahlen, kleine Dinge).

Du kannst helfen
Mit ein wenig Rücksicht kannst du älteren Menschen helfen.

Seh Sinn! | 41

Gestern wollte ich mir im Supermarkt nur schnell Popcorn kaufen. Für das Fußballspiel, das gleich im Fernsehen übertragen wurde. Also rein in das Geschäft, schwupp Popcorn schnappen, im »ich–habs–megaeilig–Schritt« zur Kasse. Dabei habe ich noch zwei volle Hausfraueneinkaufswagen überholt. An der Kasse war nur eine alte Dame vor mir. Aber das hat gedauert ... Damit hab ich nicht gerechnet.

Sie hat jede Münze einzeln aus ihrer Geldbörse geklaubt und sie fünf mal hin und her gedreht. Ich bin ungeduldig von einem Fuß auf den anderen getreten. Hinter mir hat eine Kundin die Augen verdreht. Da ist die alte Dame noch nervöser geworden.

Nur die Frau an der Kasse hat sich einfach nicht aus der Ruhe bringen lassen und ihr geholfen. »So, da sind ja die 20 Cent!« Da hat die alte Dame dankbar gelächelt. Dann hat sie sich zu mir umgedreht und gesagt: »Tut mir leid junger Mann, aber die neuen Münzen kann ich kaum unterscheiden. Und ich seh auch nicht mehr so gut.« Da bin ich mir doch ein bisschen blöd vorgekommen. Die Kassierin hat mich angelächelt und gemeint, dass sie das öfter erlebt: »Weißt du, es ist wirklich sehr schwierig, die kleinen Münzen zu unterscheiden. Besonders dann, wenn du nicht mehr so gut siehst!«

Ich hab die Geschichte dann Bine erzählt – als wir uns das Fußballspiel angesehen haben. Bine hat sich mit der Hand an die Stirn geschlagen: »Mann, wozu hast du eigentlich die Zeitreise in der Geriatrie gemacht? Hast du denn überhaupt nix gelernt?! Weißt du nicht mehr, wie mühsam es war, mit der Spezialbrille die Ablaufdaten zu entziffern? Mit den Münzen ist das doch nichts anderes!« Dabei hat Bine die Augen verdreht!

Und ich habe mir fest vorgenommen, nicht mehr so ungeduldig zu sein. Vom Fußballspiel habe ich nämlich nichts verpasst – und gewonnen haben wir auch!

Experiment

»Blindgänger«

Schließe deine Augen (noch besser ist eine **Augenbinde**) *und versuche,* »blind« *den Weg von deinem Zimmer in die Küche zu finden.*

Hol' dir dort – natürlich mit geschlossenen Augen – ein Glas und fülle es zur Hälfte mit Wasser. Gar nicht einfach, hm?

Was war für dich dabei am schwierigsten? Wo liegen die Gefahren?

Wer von euch ist der beste »Blindgänger«?

»Verdammt! Wie konnte so etwas passieren?« Dani hat die Sprache wiedergefunden: »Na durch das Glitzern. Und weil durch die Brille alles verschwommen aussieht, haben wir uns den Rest dazugedichtet. Und so haben wir aus einem stinknormalen Kaugummipapier ein wertvolles Kettchen gemacht.«

»Und jetzt sind wir wieder da, wo wir angefangen haben.« Ben wirkt sehr nachdenklich: »Aber jetzt wird mir einiges klar«, murmelt er schließlich. »Die alte Frau Mitter bittet mich im Supermarkt immer, die richtigen Münzen für sie aus der Geldtasche zu holen. Ihr geht es wahrscheinlich wie uns gerade ... .«

Seh-Quiz
...und los geht's!

42 | Seh Sinn!

1. Richtig oder falsch?

Euglena

Schreibe ein »r« für alle richtigen Aussagen in das Kästchen, für alle falschen notierst du ein »f«.

1 • Die »Erfinderin« des Auges heißt Euglena. ☐

2 • Euglena braucht Licht, um sich zu ernähren. ☐

3 • Wenn Euglena Licht sieht, schwimmt sie schnell weg. ☐

4 • Euglena braucht ihre Geißel als Korkenzieher. ☐

5 • Euglena produziert einen Großteil unseres Sauerstoffes. ☐

6 • Euglena ist schon vor langer Zeit ausgestorben. ☐

7 • »Organismus« ist ein Musiker, es bedeutet »Orgelspieler«. ☐

2. Wortwirrwarr! SehSinn!

Findest du in diesem Buchstabensalat die folgenden Worte? Ringle sie mit einem Buntstift ein:

Sehnerv
Ablaufdatum
Brille
Zapfen
Linse

y	b	x	s	e	h	n	e	r	v	z
v	w	f	s	l	r	s	p	c	u	j
e	d	s	h	o	r	ü	r	t	c	m
a	b	l	a	u	f	d	a	t	u	m
ö	r	z	a	p	f	e	n	u	i	c
k	i	q	o	ü	p	k	l	z	u	m
f	l	j	p	r	s	c	y	w	i	ä
f	l	b	e	t	q	w	x	t	n	b
x	e	l	i	n	s	e	v	e	q	x

3. Wortschlange Kann der Sehsinn älter werden?

Nein, diesmal kann Frederic nichts dafür, der Computer hat ein kleines Problem. Kannst du die Sätze rechts richtig trennen?

Wennwiraltwerden,dannwirdauchderSehsinnschwächer.Darumisteswichtig,vieleBeschriftungengrößerzumachenundHindernissezumarkieren.NursokönnenalleMenscheninunsererWeltsicherundzufriedenleben!

....
....
....
....

Lösungen ?!

Die Auflösungen zum Seh-Quiz findest du auf Seite 87 im »Wörterbuch«.

Seh Sinn! | 43

4. dein Auge Bauplan

Das Auge liegt in der .... und ist gut geschützt.

Die **durchsichtige Haut**, die den Augapfel **schützt**:

....

Wer gibt dem Auge seine Farbe?

....

Sie heißt auch:

....

Diese **Öffnung** heißt:

....

Sie stellt **Nah und Fern** ein:

....

Ganz groß und rund, der:

....

Hinten liegt die:

....

Sie besteht aus:

..................................und

....

Er führt die **Informationen zum Gehirn**:

....

Das Auge kann **bewegt werden** durch die:

....

5. Lösung gesucht! Tastsinn trifft Sehsinn

Das Lösungswort ergibt sich, wenn du die Buchstaben in den dunklen Kästchen von oben nach unten liest.

1 • Der Sehsinn ermöglicht es dir, vor ... zu sein.
2 • Von diesem Sinn lernt der Sehsinn: ...
3 • Der Sehsinn ist kein Nahsinn, er ist ein ...
4 • Der Sehsinn sendet Informationen an ...
5 • So heißt die Erfinderin des Auges: ...
6 • Mit deinen Augen kannst du ...

6. Wer macht was? Stäbchen und Zapfen

1. Die **Stäbchen** sind zuständig für:

....

2. Die **Zapfen** sind zuständig für:

....

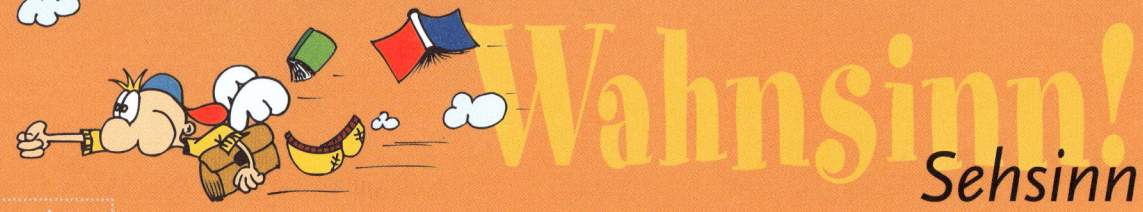

Wahnsinn!
Sehsinn

44 **Seh** Sinn!

sinn-lose Frage:
Wachsen Augäpfel auf Bäumen oder auf Sträuchern?

Superhirn

Hier sind Redewendungen und Sprichwörter.
Lies' sie dir zweimal durch und schreib' sie dann, ohne hinzuschauen, auf ein Blatt Papier. Wer von euch ist das Superhirn? Fallen euch noch weitere ein?

Auge um Auge, Zahn um Zahn.
Da bleibt kein Auge trocken.
Der Gefahr ins Auge sehen.
Riskieren wir ein Auge?
Ja, hat der keine Augen im Kopf?
Ich glaub´, ich seh´ nicht richtig!
Die Augen vor etwas verschließen.
Das ist eine Beleidigung für das Auge.
Das kann ins Auge gehen!
Halte Augen und Ohren offen!
Reden wir unter vier Augen.
Das Auge des Gesetzes.

Augen, die nix sehen:
Fettaugen
Hühneraugen
staubsaugen
Bullaugen

Rezept Nr. 2: Augenschmaus

Je bunter das Essen auf deinem Teller ist, desto besser schmeckt es, nicht wahr? Deine »Augen essen immer mit«. Darum haben wir für dich ein wunderbar buntes und dazu noch schrecklich **gesundes Rezept für Obstspießchen** *ausgesucht. Lass es dir schmecken!*

Alles was du dazu benötigst, findest du in der **Obstabteilung des Supermarktes** (mit Ausnahme der Holzspieße, aber da hilft dir bestimmt ein freundlicher Verkäufer). Rechne pro Person mit 2 Spießen.

Suche **Obst in allen Farben** aus:
Erdbeeren, Bananen, Äpfel, blaue und weiße Trauben, Kiwis und was du sonst noch alles findest.

Vorsicht! Nimm nicht zu viel! Bei dem großen Angebot kannst du dich leicht verschätzen und morgen deine ganze Klasse mit bunten Spießchen versorgen.

dazu benötigst du:
Obst in allen bunten Farben
Erdbeeren, Kiwi, Weintrauben, Bananen, Himbeeren, Ananas, Äpfel, Brombeeren, ... und **Holzspieße** (Vorsicht! – die können ganz gemein pieksen!)

Zu Hause musst du **das Obst gut waschen** (z.B. Erdbeeren, Trauben) oder **schälen** (z.B. Banane, Kiwi). Danach schneidest du **alles in kleine Stückchen**. Die Trauben kannst du in ganzen Stücken lassen.

Die Obststücke spießt du jetzt – schön bunt gemischt – **auf die Holzstäbchen**. Danach richtest du sie auf einem schönen Teller an.

Das wäre eigentlich alles. Jetzt musst du nur noch deine **Freunde** oder deine **Familie** zu diesem Augenschmaus **einladen**.

Viel Spaß und guten Appetit!

Wusstest du?
Eigentlich könnten Torreros (das sind spanische Stierkämpfer) auch mit gelben, blauen oder grünen Tüchern vor dem Stier herumfuchteln.
Rinder sind nämlich farbenblind. Der Stier wird einfach wütend, weil der Torrero dauernd vor seiner Nase herumtänzelt wie ein eingebildeter Gockel.

auf **sehen** erregend!
uner **hör** t! • **ri(e)ch** tig toll! • fan **tast** isch! • **geschmack** voll!

Seh Sinn! | 45

Einfach tierisch!
Wie geht das Sehen bei den Tieren?

Die größten Augen hat der **Riesentintenfisch**. Vor ungefähr 100 Jahren wurde ein Exemplar gefunden, dessen **Augen einen Durchmesser von 50 cm** hatten (das ist so groß wie das Vorderrad deines Fahrrades!).

Insektenaugen sind aus **vielen kleinen Punktaugen** zusammen gesetzt. Bei **Libellen** können das bis zu 10.000 sein. Zusammen sehen die dann aus wie zwei riesengroße Augen, die fast den ganzen Kopf bedecken. So kann **die Libelle unter und neben sich gleichzeitig sehen**.

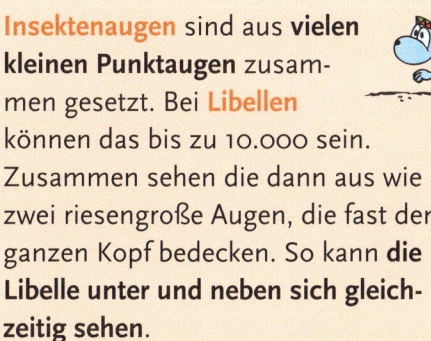

Frösche können **nur das sehen, was sich bewegt**. Die Fliege ist also nur in Gefahr, wenn sie am Frosch vorbeischwirrt. Sitzt sie einfach nur still neben ihm, dann wird der Frosch neben seiner Mahlzeit wohl verhungern ... .

Pferde können das, was vor ihnen liegt nicht so gut erkennen, dafür aber **alles, was seitlich von ihnen passiert**, umso besser – ohne den Kopf zu drehen!
Darum tragen Pferde, die als Zugpferde im Straßenverkehr eingesetzt sind, auch meist **Scheuklappen**. So können sie nur geradeaus sehen. Sonst würden sie zu oft erschrecken und scheuen.

Das **Chamäleon** hat besonders praktische Augen. Es kann seine Augen nämlich **gleichzeitig in verschiedene Richtungen** bewegen. Die wären doch toll für Schularbeiten, nicht?

Geckos – das sind kleine Echsen – haben gar **keine Augenlider**. Um ihre Augen sauber zu halten, schlecken sie immer wieder mit ihrer langen **Zunge** darüber.

Das **Vierauge** ist ein **Fisch**, der in Mittel- und Nordamerika lebt. Er hat nicht wirklich vier Augen, sondern zwei, die jeweils durch ein Häutchen geteilt sind.
So kann das Vierauge mit der einen Augenhälfte sehen, was unter Wasser los ist, wärend es mit der anderen die Wasseroberfläche im (Vier-)Auge behält.

Warum können Katzen bei Dunkelheit sehen?

Bist du schon einmal in der Nacht durch die dunkle Wohnung gelaufen? Wie oft bist du gegen die Tür oder einen Sessel gerannt? Ja, wenn wir Katzenaugen hätten ... .

*Katzen haben empfindlichere Augen als wir. Das ist auch notwendig, denn nachts machen sie die beste Beute. Ihre **Pupille kann sich viel weiter öffnen**, als die des Menschen. Sie ist dann beinahe so groß wie die Iris.
So kann sie selbst schwaches Mondlicht nutzen, um ihre Beute zu entdecken.*

*Um ihre empfindlichen Augen vor dem starken Tageslicht zu **schützen**, kann die Katze ihre **Pupillen zu kleinen Schlitzen zusammenziehen**. So dringt kaum mehr Licht durch. Zum Sehen reicht es aber natürlich immer noch.*

Hörsinn

Warum wird uns schwindlig, wenn wir uns schnell im Kreis drehen?

Was hat ein Hammer im Ohr zu suchen?

Kannst du mit den Händen sprechen?

Warum stellen Hunde und Katzen ihre Ohren auf?

Welches Tier gebraucht seine Ohren auch als Klimaanlage?

»Pssst! Hört ihr?« Lisa hält den Zeigefinger hoch. »Was sollen wir hören?« Bine ist neugierig. »Ganz gleich, was es war, wegen deinem Gequassle haben wir es überhört.« Ben wirft Bine einen giftigen Blick zu. »Blödsinn! Hättest du eben genauer hingehört.« Bine baut sich angriffslustig vor Ben auf.

Böse funkeln sie sich an. Da beginnt Bens Mundwinkel plötzlich verräterisch zu zucken. Entschlossen, ihn unter Kontrolle zu bringen, schaut er noch grimmiger. Jetzt muss auch Bine ein kleines verräterisches Grinsen verbeißen. Und bevor die anderen merken was los ist, stehen sich die beiden lachend gegenüber.

Leihst du mir mal dein Ohr?

Hör Sinn! 47

Die Welt um uns herum ist voll von Tönen, Klängen und Geräuschen. Die meisten davon fallen uns gar nicht mehr auf, weil sie uns so vertraut sind.

Was kannst du jetzt, in diesem Augenblick hören? Sind da Stimmen? Geräusche? Hörst du den Wind oder Straßenlärm? Klingelt das Telefon? Radio? Maschinen?

Manche Klänge erkennst du sofort. Die Stimmen deiner Eltern oder Freunde etwa. Bei anderen musst du genauer hinhören.

Weil wir unsere Ohren nicht zuklappen können, wie die Augen, ist es niemals ganz still. Irgendwelche Geräusche umgeben uns immer.

Lisa ist erleichtert: »Wir wiederholen es einfach. Hört genau hin.« Diesmal lauschen alle gespannt. Nichts ist zu hören. Alles ist mucksmäuschenstill. Die Bande sieht sich fragend an. Dann stellt sich Lisa in die Mitte des Raumes und fragt in die Runde: »Was habt ihr diesmal gehört?« Wieder fragende Blicke.

»War es wirklich ganz still?« Jetzt verstehen sie: »Ich habe jemanden vorbeigehen gehört«, fällt Bine ein. »Und ein Auto ist weggefahren.« Lisa ist zufrieden. »Eben! Die Luft ist voller Geräusche. Es ist niemals wirklich still.« Ben beugt sich zum Professor und flüstert: »Genau wie Bine. Die ist auch nie wirklich still.«

Wozu ist Hören eigentlich gut?

48 Hör Sinn!

Wozu ist Hören gut?

Lisa steht auf der gegenüberliegenden Straßenseite und ruft: »Gehen wir nach der Schule ins Kino?«. »Gern!«, rufst du zurück. »Wir treffen uns um 3 Uhr bei mir!«

Der Hörsinn ist ein Fernsinn. Mit ihm kannst du **weit entfernte Geräusche wahrnehmen.**

Gut zu hören ist wichtig. Es ist wichtig, um mit anderen Menschen in Verbindung zu treten und sie zu verstehen. Der eine spricht, der andere hört zu, dann spricht der andere und der eine hört zu. Das nennt man **Kommunikation**.

Hören ist aber auch wichtig, **um Gefahren zu erkennen**, wie etwa ein heranfahrendes Auto, oder eine Horde wilder grüner Elefanten.

Dein Gehirn arbeitet wie ein Geräuschesieb

Wenn du deine Ohren spitzt, merkst du erst, wie viele Geräusche, Töne, Klänge und Stimmen durch die Luft schwirren.

Eigentlich ist es **nie wirklich still.** Irgendetwas gibt es immer zu hören. Dein **Gehirn filtert** aber nur die für dich wirklich wichtigen Töne heraus. **Wie mit einem Sieb.**

Es überprüft jedes Geräusch, vergleicht es mit schon Bekanntem. Dann beurteilt es, ob das Geräusch wert ist, von dir gehört zu werden. Wichtiges und Interessantes lässt es durch und du hörst es, Unwichtiges hingegen geht an dir vorüber.

Wusstest du?
Wale sind die lautesten Wesen unseres Planeten (einmal abgesehen von Rockbands). Immerhin müssen sie sich kilometerweit verständigen können.
Ein Wal könnte sich – wenn die ganze Welt nur aus sehr kaltem Wasser bestehen würde – einmal um die Welt mit sich selber unterhalten.

»Das hab ich gehört, Ben!« zischt Bine giftig. »Bei deinen Segelohren auch kein Wunder!« Bine will Ben gerade an die Gurgel springen, als Dani sie unterbricht: »Es reicht, Leute! Bei eurer Zankerei vergesst ihr, dass wir Wichtigeres zu tun haben.« Die beiden Streithähne schauen schuldbewusst zu Boden.

Chrissi hat schon wieder ganz feuchte Augen. Nur mit Mühe kann sie die Tränen unterdrücken. Der Professor bemerkt es sofort: »Na, das wird ja nicht unsere letzte Station gewesen sein. Das Kettchen wird bestimmt auftauchen. Wir bleiben weiter bei dem Plan mit den Teams.« Chrissi schluckt tapfer.

Der Hörsinn ist ein Fernsinn
– mit ihm kannst du auch Geräusche wahrnehmen, die weit entfernt sind.

Hören ist wichtig
Dein Hörsinn hilft dir, mit anderen Menschen in Kontakt zu treten – du kannst ihnen zu-hören. Er warnt dich aber auch vor Gefahren.

Hör Sinn! 49

Welche Geräusche sind wirklich wichtig?

Das kann passieren, wenn du nicht aufpasst und wichtige Geräusche überhörst. Was, meinst du, hat Ben überhört?

Augen zu - Ohren auf

*Setz' dich an einen bequemen Ort. Mach' deine Augen zu und **höre, was die Welt dir erzählt**. Erkennst du alle Geräusche? Kannst du dir die Dinge oder Menschen dazu vorstellen? **Welche der Geräusche sind wichtig und welche nicht?***

Wichtig sind vor allem Geräusche, die dich vor einer Gefahr warnen. Aber auch solche, die für dich etwas Angenehmes bedeuten. Eine Einladung zum Eis essen wirst du wohl niemals überhören.

Für jeden ist aber etwas anderes wichtig. Vielleicht hast du schon einmal deine Mutter überhört, als sie dich zum Lernen gerufen hat, während du gerade in ein Spiel vertieft warst?

Dein Gehirn filtert also das Unwichtige heraus. Das ist gut so, denn sonst würdest du immerzu in einer unglaublichen Klangflut stehen und die wirklich wichtigen Dinge überhören.

Tatütataaa!!

Bestimmte Töne und Geräusche sind für uns **wichtige Signale**: die Sirenen von Rettungswagen, Feuerwehr oder Polizei zum Beispiel. Das laute Tatütata bedeutet immer: »Schnell aus dem Weg! Da ist was passiert!«

Das Läuten der Türglocke bedeutet: »He, da kommt jemand zu mir!« Das Weckerklingeln sagt dir: »Raus aus den Federn!«

Ja, und wenn die Schulglocke zu Mittag läutet, klingeln gleichzeitig hundert kleine Freudenglöckchen in deinem Kopf: »Endlich frei! Nix wie heim und spielen!«

Lexikon

Kommunikation bedeutet, dass wir jemandem etwas mitteilen – dass wir miteinander reden oder streiten, telefonieren, uns etwas zurufen, fragen oder antworten usw.

Kommunikation geht auch ohne Worte, nur mit den Händen – blättere ein paar Seiten weiter ... .

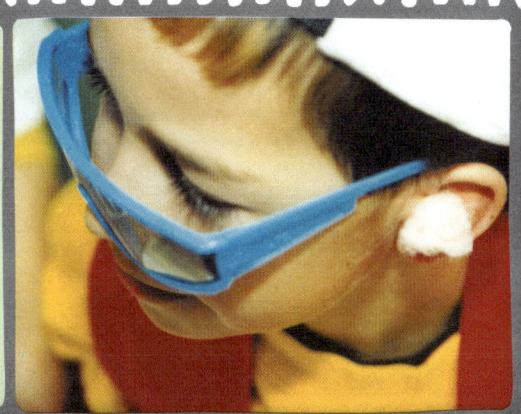

Lisa hält der Bande eine Handvoll kleiner rosa Kügelchen unter die Nase: »Hier ist etwas Besonderes für euch.« »Sollen wir jetzt Wattebällchenblasen spielen?« Ben grinst die anderen an. Herablassend fügt er noch hinzu: »Das ist ja wohl eher was für Frederic.« Aber der läßt sich nicht aus der Ruhe bringen. Er lutscht an einem Keks, den er in der Hosentasche gefunden hat. Lisa erklärt: »Diese Stöpsel sollt ihr in eure Ohren stecken, damit ...« – an dieser Stelle wird sie vom Chor der Bande unterbrochen: » ... wir hören wie alte Menschen!« Lisa grinst: »Ich sehe, ihr kennt euch aus.«

Bauplan
und Bedienungsanleitung

50 | **Hör** Sinn!

Wenn du einen Stein ins Wasser wirfst, entstehen **kreisförmige Wellen**.

Genauso breiten sich (unsichtbare) **Schallwellen in der Luft** aus.

Schallwellen? Was ist denn das?

Töne sind Schwingungen. Sie schwingen munter hin und her.

Diese Schwingungen in der Luft breiten sich genau so **wie Wellen in einem Teich** aus. Wir sprechen deshalb von **Schallwellen**, die an dein Ohr dringen.

der Hörsinn Bedienungsanleitung

 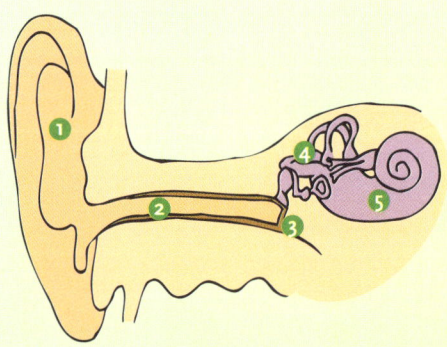

Die **Ohrmuschel (1)** fängt die Geräusche ein, die als Schallwellen durch die Luft schwirren. Sie ist eine Art Trichter. Je größer die Ohrmuschel, desto mehr und feinere Geräusche kann sie auffangen.

Die Schallwellen gelangen durch den **Gehörgang (2)** an ein dünnes Häutchen, das **Trommelfell (3)**. Die Schallwellen bringen es zum Schwingen. Bei Lärm stark, bei Flüstern ganz schwach.

Das **Trommelfell** schickt die Schwingungen an die **Gehörknöchelchen (4)**. Sie verstärken die Schwingungen und leiten sie weiter an das eigentliche Hörorgan: die **Schnecke (5)**.

Die **Schnecke** ist mit Flüssigkeit gefüllt und in ihr sind viele kleine **Sinneshärchen**.
Die Schallwellen bewegen die Härchen hin und her. Und die Härchen machen darüber Meldung an dein Gehirn.

Wusstest du?

Schlangenbeschwörer lassen ihre Schlangen gar nicht nach der Musik tanzen.

Schlangen sind taub! Sie reagieren auf die Bewegung der Flöte und spüren die Schallwellen mit Hilfe eines Knochens in ihrem Kopf.

»Meine Damen und Herren, wenn Sie mir bitte folgen wollen?« Schon ist Lisa zur Tür hinaus. Die Bande steht da, als wäre nichts gewesen. Da kommt Lisa noch einmal zurück: »Na? Wollt ihr lieber hier bleiben?« Die Bande schaut fragend. »Was?« Etwas lauter wiederholt Lisa: »Wollt ihr lieber hier bleiben?«

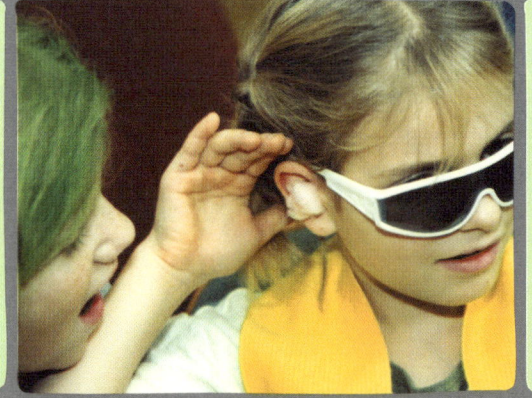

Jetzt haben sie verstanden. »Eigentlich nicht, aber du hast ja nicht gesagt.« Lisa lächelt verschmitzt: »Doch, ich habe schon was gesagt, aber ihr habt es nicht verstanden.« »Was hat sie gesagt? Ich verstehe so schwer.« Chrissi stellt sich näher zu Lisa und hält eine Hand wie eine Trichter ans Ohr.

Geräusche sind Schwingungen

Geräusche breiten sich in der Luft aus wie Wellen in einem Teich. Dein Ohr fängt diese Schallwellen auf und leitet sie an das Gehirn weiter. Erst dann hörst du Töne.

Hör Sinn! 51

das Ohr Bauplan

Das eigentlich Wichtige an deinem Ohr liegt im Inneren.

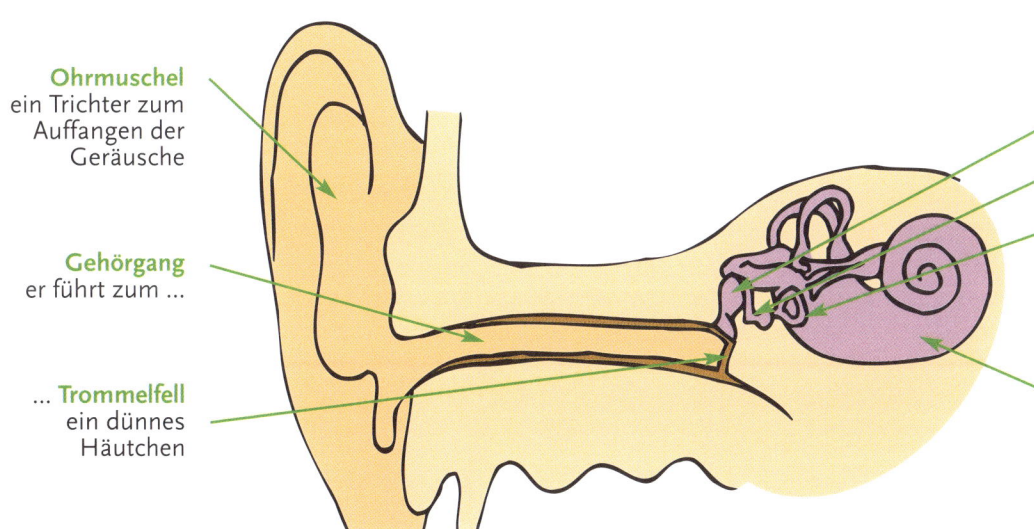

Ohrmuschel ein Trichter zum Auffangen der Geräusche

Gehörgang er führt zum ...

... Trommelfell ein dünnes Häutchen

Gehörknöchelchen mit merkwürdigen Namen:

Hammer

Amboss

Steigbügel

Schnecke. Sie heißt so, weil sie tatsächlich aussieht wie eine kleine Schnecke.

Die **Härchen** in der Schnecke **leiten die Hörinformationen an das Gehirn.**

LAUT UND LEISE DURCH DIE MUSCHEL, HOCH UND TIEF UND DUMPF UND GRELL WANDERN TÖNE DEN GEHÖRGANG HIN ZU DEINEM TROMMELFELL.

AN DIESEM FELL, DA SITZEN KNOCHEN, VON DENEN EINER HAMMER HEISST UND AMBOSS, STEIGBÜGEL DIE ANDERN – DAMIT DU'S AUCH GANZ SICHER WEISST.

IN DER SCHNECKE SITZEN HÄRCHEN, ZITTERN, WACKELN, TANZEN, FLIRR'N SCHICKEN DANN ALL DAS GEHÖRTE VON DEN OHREN HIN ZUM HIRN!

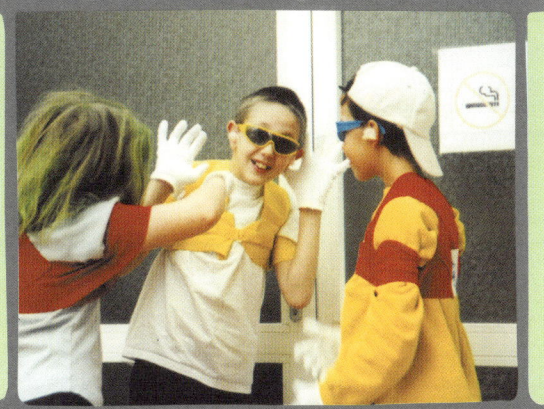

»Ja, ja«, meint Lisa etwas lauter, »nicht so leicht, wenn man nicht mehr gut hören kann.« Bine nickt: »Es ist wie im Schwimmbad, mit Wasser in den Ohren.« Ben dreht sich um: »Was hast du gesagt?« »Es ist wie im Schwimmbad!« Ben schüttelt den Kopf: »Wozu brauchst du jetzt ein Spinnrad?!?«

»Lippen lesen müsste man können!« »Was für Besen?« Bevor sie völlig verzweifeln, nimmt Lisa die Sache wieder in die Hand: »Da habt ihr ja einige Schwierigkeiten. Von jetzt an sprechen wir lauter, deutlicher und langsamer.« Das haben die Kinder verstanden. Laut tratschend folgen sie Lisa zu ihrer nächsten Station.

Bleib' im Gleichgewicht

Hör Sinn!

Experiment

Du kannst dein Gleichgewichtsorgan ganz schön aus dem Gleichgewicht bringen: **Dazu musst du dich nur ein paarmal ganz schnell im Kreis drehen.** Vorsicht! Mach' das am besten auf einer weichen Wiese oder im Turnsaal, wo nichts im Weg steht.

Na, ist dir schwindlig? Das kommt daher, dass sich die Flüssigkeit in den Bogengängen nach dem Drehen noch ein wenig »nachdreht« (wie der Tee in der Tasse nach dem Umrühren). **Deshalb glaubt dein Gehirn, dass du dich noch drehst,** und dir wird schwindlig.

Wusstest du?

Die **Gehörknöchelchen** sind die kleinsten Knochen im Körper.

Eine Besonderheit: Sie sind die einzigen Knochen, die nie mehr wachsen. Sie sind bei einem Baby genau so groß wie bei der Mutter.

Alles dreht sich …

Das **Gleichgewichtsorgan** ist in dein **Ohr** eingebaut. Es besteht aus **drei Bogengängen**, die mit der Gehörschnecke verbunden sind. Die Bogengänge sind mit einer **Flüssigkeit** gefüllt.

Wie bei einer Wasserwaage (findest du in eurem Werkzeugkasten) **bewegt sich die Flüssigkeit hin und her.** So kann das Gehirn immer genau erkennen, ob du aufrecht stehst, dich bückst oder liegst.

das Gleichgewichtsorgan

Hier siehst du das **Gleichgewichtsorgan** mit den **drei Bogengängen**.

Es sitzt an der Schnecke und sagt dir, in welcher Lage sich dein Körper befindet: stehend, sitzend, liegend, … .

Das Gleichgewichtsorgan kann auch erkennen, ob du gerade springst, läufst, dich drehst, oder ob du tanzt.

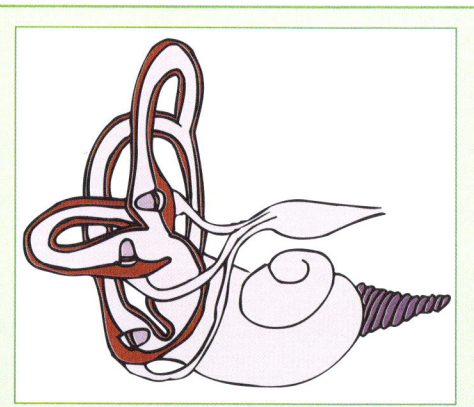

Lisa führt sie in den kleinen Raum, in dem sie zu Anfang ihre Jacken und Taschen gelassen haben. »Wartet kurz, ich komme sofort zurück.« Schon ist sie verschwunden. Das ist der Moment, auf den alle gewartet haben. »Ok Leute – Team 1 übernimmt den Boden, Team 2 durchsucht die Manteltaschen!«

Dani hat alles im Griff. Chrissi und Bine salutieren: »Ok Boss! Wir nehmen uns die Jacke vor.« »Was für eine Jagd am Tor?« Alle schauen Chrissi vorwurfsvoll an. »Nimm doch die Stöpsel aus den Ohren, sonst kommen wir nie weiter.« Ben sucht den Boden ab: »Schnell! Lisa komm gleich wieder.«

Das Gleichgewichtsorgan sitzt in deinem Ohr
Es sagt dir, in welcher Lage sich dein Körper gerade befindet.

Das Ohr schützt sich
Das Ohr schützt sich vor zu großem Lärm, indem es das Trommelfell entspannt – so wie man bei einer richtigen Trommel das Fell lockert, bis es durchhängt.

Hör Sinn! | 53

Mit etwas Training ...

Du kannst dein Gleichgewichtsorgan auch trainieren. Das tust du als Kind ganz automatisch. Das **Training** besteht nämlich aus so angenehmen Dingen wie **Schaukeln und Balancieren**.

Wenn Menschen viel trainieren, können sie sogar die schwierigsten Turnübungen auf einem schmalen Balken machen.

Vielleicht hast du das schon mal gesehen und insgeheim bewundert?

Wie schützt sich das Ohr?

Durch laute Musik oder starken Lärm können die Härchen richtig »umgeblasen« werden. Und dann können sie sich nicht mehr aufrichten. Sie sind für immer geschädigt und du kannst nicht mehr so gut hören.

Zum Glück hat dein Ohr eine **Einrichtung zum Schutz** dieses empfindlichen **Systems**. Es gibt einen kleinen **Muskel**, der sich, wenn du in lautem Lärm bist, oder einschlafen willst, automatisch zusammenzieht.

Damit **lockert er die Spannung deines Trommelfelles**. Nun kommen nicht mehr so viele Geräusche oder Lärm durch.

Trotzdem: **Schütze dein Ohr vor zu lauten Geräuschen**, Lärm und lauter Musik (Walkman, Disco). Und lass es manchmal ein wenig ausruhen, indem du einfach nur der Stille lauschst. Das kann herrlich entspannend und beruhigend sein.

Experiment

Jogurttrommelfell:
*Spanne ein Stück **Klarsichtfolie** fest über einen leeren **Jogurtbecher**. Fixiere sie mit einem **Gummiband**.*

*Jezt **trommle mit deinen Fingerspitzen** darauf. Genauso ist das mit dem Trommelfell. Der Schall klopft an und das Trommelfell schwingt wie die Folie auf deinem Becher.*
***Lockere nun die Folie** (wie der kleine Muskel, der das Trommelfell schützt). Wie klingt das Trommeln jetzt?*

Lexikon

System
Wenn etwas aus verschiedenen Teilen besteht, die zusammen arbeiten müssen, damit das Ganze funktioniert, nennt man das ein System.
So betrachtet ist dein Körper ein System.

Als hätte Lisa ihr Stichwort gehört, öffnet sie die Tür und steht vor ihnen: »Wir machen jetzt ein Experiment. Ben, du stellst dich in die Mitte. Die anderen verteilen sich im Raum. Wenn ich das Licht ausmache, wechselt ihr die Plätze und jeder sagt etwas zu Ben. Er sagt uns dann, wo ihr steht.«

»Null Problemo.« Ben grinst. Und dann ist es stockdunkel. »Hey – wo bin ich?« »Das ist leicht, Prof. Du stehst vor mir.« Dani lacht: »Nein Ben – ich bin hinter dir.« »Beeehen – kannst du mich hören?« flüstert Bine. »Claro Chrissi, du stehst ja neben mir.« Bine kichert. »Irrtum! Ich bin Bine und stehe vor deiner Nase.«

Die Sprache der Hände

Die Hände können sprechen?

Hast du schon einmal Menschen gesehen, die sich ganz still mit eigenartigen Handbewegungen unterhalten?

Das sind gehörlose Menschen. Sie können nicht oder nur sehr schlecht hören oder sprechen. Sie verständigen sich mit einer ganz besonderen Art von Sprache: **der Gebärdensprache und dem Fingeralphabet.**

Mit Hilfe ihrer Hände können gehörlose Menschen genauso miteinander sprechen, wie du mit deinen Freunden.

Auf der nächsten Seite findest du das Fingeralphabet. Kannst du dich damit verständigen? Es ist vielleicht etwas ungewohnt, aber genauso wie das Erlernen unserer Sprache mit Wörtern, sind auch Gebärden reine Übungssache. Viel Erfolg dabei!

Wusstest du?

Kein Laut am Mond! Auf dem Mond kannst du überhaupt nichts hören. Keinen Pieps.

Das ist so, weil es auf dem Mond keine Luft gibt. Deshalb können keine Schallwellen entstehen. Also können wir auch nichts hören.

Brauchen nur gehörlose Menschen Gesten?

Viel öfter, als wir denken, benutzen auch wir Gesten: Wir winken jemandem zum Abschied, oder heben den Daumen, um zu zeigen: »Alles klar!«

Wenn dir das Essen überhaupt nicht schmeckt, verziehst du dann nicht auch dein Gesicht? Und wenn du etwas als Erster haben willst, dann streckst du deine Hand ganz weit in die Luft.

Kennst du **Gesten oder Gebärden im Sport**? Im **Straßenverkehr**? Vielleicht kennst du eine geheime **Zeichensprache**, mit der du dich mit deinen Freunden verständigst?

Gesten und Gebärden sind also etwas ganz Alltägliches. Gehörlose Menschen verständigen sich damit jeden Tag ganz selbstverständlich.

Lisa macht das Licht an. »Na? War doch nicht so leicht, wie du gedacht hast.« Sie zwinkert. Ben schaut verlegen und murmelt etwas vor sich hin. Lisa spricht weiter: »Darum ist es wichtig, dass ihr ältere Menschen im Gespräch anseht und immer laut und deutlich sprecht. Und vor allem nicht durcheinander.«

Chrissie fuchtelt wild mit den Händen herum, als wollte sie etwas Wichtiges sagen. Ratlos hebt Dani die Schultern und zieht die Augenbrauen zusammen. Chrissi schneidet wilde Grimassen. Immer wieder zeigt sie auf ihre Hand und auf den Boden und macht ein Gesicht wie ein einziges großes Fragezeichen.

Gebärdensprache:
sehen mit den Händen – hören mit den Augen

Ist eine Sprache zum Hinsehen.
Sie wird mit den Händen, dem Oberkörper
und mit dem Gesicht, aber nicht mit der Stimme gesprochen.
Man kann sich mit ihr aber genauso gut unterhalten, wie mit Worten.

Hör Sinn!

internationales Fingeralphabet

Die **Gebärden unterscheiden sich** von Land zu Land. Es gibt sogar verschiedene **Dialekte**.

Das **internationale** Fingeralphabet ist aber **in allen Ländern gleich** – eine bestimmte Stellung der Finger bedeutet immer den gleichen Buchstaben.

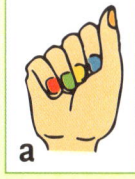 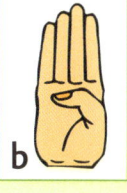
a · b

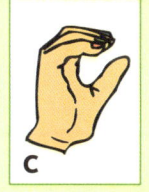   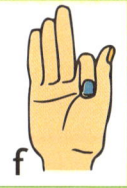 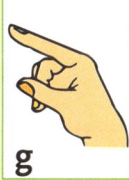 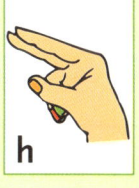
c · d · e · f · g · h

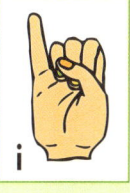 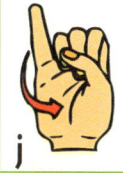  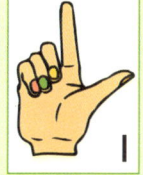 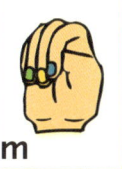 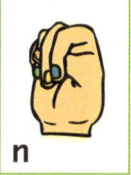
i · j · k · l · m · n

 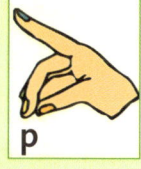 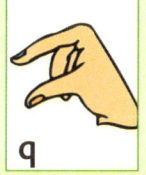 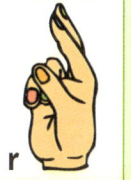 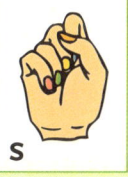 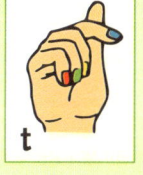
o · p · q · r · s · t

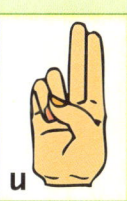  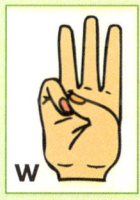   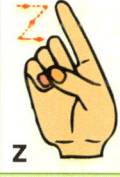
u · v · w · x · y · z

Hör' genau hin

Wenn du die Ohren aufsperrst, kannst du so Vieles hören.

Das höre ich gerne:

Das höre ich nicht gerne:

Lexikon

international
bedeutet: in allen Ländern der Erde.
Das Fingeralphabet ist international gültig. Es wird in Italien, Schweden oder Amerika genau gleich benutzt, wie hier bei uns.

national
dagegen bedeutet: nur in unserem Land.

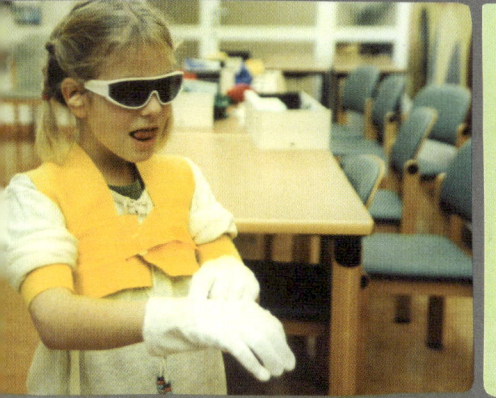

Ah – jetzt versteht er! Er deutet auch auf sein Handgelenk und schüttelt den Kopf. Chrissi hat verstanden. Sie ist enttäuscht. Dann deutet er auf die Jacken und zieht fragend die Schultern hoch. Chrissi hebt die Schultern bis zu den Ohren und schüttelt mutlos den Kopf. Wieder kein Glück gehabt … .

Lisa hat die Szene beobachtet: »Sieht aus, als könntet ihr mit euren Händen reden. Man nennt das Gebärdensprache – die Sprache der Gehörlosen.« Bine grinst: »Super, da können wir uns im Unterricht unterhalten, ohne dass Frau Huber es hört.« Oder uns über das Kettchen verständigen – denkt sie still.

Kann der Hörsinn *älter* werden?

Hör Sinn!

Wenn Wörter verschwimmen ...

»Wie bitte? Ich hab dich nicht verstanden.« Im Gespräch mit älteren Menschen kommt es vor, dass du Sätze wiederholen musst. Macht dich das manchmal ungeduldig? Dein Gegenüber will dich aber bestimmt nicht ärgern, sondern hat dich ganz einfach nicht verstanden.

Im Alter nimmt nämlich die Hörfähigkeit ab. Worte »verschwimmen« und manche Töne werden nur mehr schlecht gehört, weil viele der Gehörhärchen umgeknickt sind.

Für ältere Menschen ist es schwierig, festzustellen, woher ein Geräusch kommt. Ob von vorne, hinten, links oder von rechts. Denk' dran, wenn du mit dem Skateboard an einer alten Dame vorbeizischst! Es fällt ihnen auch schwer, durcheinander sprechenden Stimmen in Lokalen oder auf Festen zu folgen.

Jetzt, wo du darüber Bescheid weißt, kannst du ja beim nächsten »Wie bitte?« einfach ein wenig lauter und langsamer sprechen. Das kann ein tolles Gespräch werden!

Wusstest du?
Halte dich fest! Grillen hören mit den Beinen. Ihre Ohren sind kleine, dicke Stellen unterhalb der Knie.
Kannst du dir vorstellen, wie du aussehen würdest, wenn deine Ohren an den Knien wären? Und wie umständlich das Ankleiden dann wäre?

Die Hörfähigkeit nimmt ab

Stell' dir einen Kamm vor. Die Hörhärchen sind die Zähne des Kammes.

Feine Härchen für **hohe Töne**, **dickere** für **tiefe Töne**. Im Laufe des Lebens knicken immer mehr Härchen um – durch zu viel Lärm zum Beispiel.

Besonders **leicht knicken die dünnen Härchen**. Auf dem Kamm sind nun Lücken entstanden. Bei den dünnen Zähnen (hohe Töne) mehr als bei den dickeren Zähnen (tiefe Töne). Alte Menschen können daher hohe Töne nicht mehr so gut hören, tiefere schon.

Langsam verzweifelt die Bande. Die Suche in dem großen Haus wäre schon schwer genug – aber mit jeder Station »altern« sie auch noch ein wenig mehr. So wird es noch schwieriger. Die Brillen, die Handschuhe und Bandagen und jetzt auch noch die Sache mit den Ohrstöpseln. Nein – das ist zuviel.

Mutlos stecken sie die Köpfe zusammen und beratschlagen ihre Lage. Es ist wie verhext! Dani ergreift die Initiative: »Also gut«, flüstert er, »zugegeben, wir haben einige Probleme. Aber davon lassen wir uns doch nicht abhalten.« Aber die anderen sind davon nicht so überzeugt, das sieht er ihnen an.

Der Hörsinn altert

Mit zunehmendem Alter knicken immer mehr der feinen Hörhärchen um. Sie leiten den Reiz nicht mehr zum Gehirn. Alte Menschen hören deshalb nicht mehr so gut.

Hör Sinn! 57

Wir haben da einen Nachbarn: den Herrn Waldmann. Der ist schon ziemlich alt. Und schrecklich unheimlich! Er schaut immer ganz böse. Wenn ich ihn im Hof treffe und freundlich grüße, schreit er immer nur: »Was?« und grummelt noch irgendetwas. Ich verdrück mich dann immer ganz schnell!

Am Dienstag hat Mami mich einkaufen geschickt. Ich wollte gerade losgehen, da hab ich Herrn Waldmann unten im Hof gesehen. Ich fing an rumzutrödeln, weil ich warten wollte, bis er ins Haus geht. Mami hat sofort gemerkt, dass etwas nicht stimmt. »Was ist los?« – »Naja, der Herr Waldmann steht unten. Und der schreit mich immer so an. Deswegen warte ich, bis er weg ist.« Da hat Mami mich ganz erstaunt angeschaut. »Aber der Herr Waldmann ist doch ein lieber Mensch! Er ist nur etwas schwerhörig. Deshalb redet er auch so laut.« Naja.

»Was, mein Kind, würdest du denn tun, wenn jemand etwas zu dir sagt. Und weil du es nicht verstehst, fragst du nach. Und der andere schaut dich nur an, als ob er ein Gespenst gesehen hat und rennt weg?« Gute Frage. »Probier doch einfach mal, laut und deutlich mit Herrn Waldmann zu reden. Weglaufen kannst du dann ja immer noch!« Dabei hat Mami gegrinst. Naja.

Im Hof bin ich natürlich gleich Herrn Waldmann begegnet. Ich hab mich nochmal an das erinnert, was Mami mir gesagt hat und dann gaaaanz laut und deutlich »Grüß Gott Herr Waldmann!« gesagt. Und mutig ein lautstarkes »Wie geht's Ihnen?« dazugefügt.

Ihr werdet nicht glauben, was dann passiert ist: Seine Augen haben lustig gefunkelt und er hat ganz viele Lachfalten bekommen: »Danke, gut geht's mir. Und du, hast du beschlossen, nicht mehr vor mir davon zu laufen?« Da haben wir beide losgelacht – sehr laut! Wir sind jetzt Freunde – nur weil ich einmal ein bisschen lauter gesprochen habe.

Du weißt jetzt, wie sich das Gehör im Alter verändert.

*Worauf kannst du in einem Gespräch mit einem alten Menschen **Rücksicht nehmen**, was könntest du besser machen?*

Ich kann

_____

_____

_____

_____

_____

Lexikon

Ortung
Orten bedeutet feststellen, aus welcher Richtung ein Geräusch kommt.

Schiffe können Hindernisse im Meer orten. Sie senden Schallwellen aus, die wie ein Echo zurückgeworfen werden, wenn sie auf ein Hindernis (einen Eisberg etwa) treffen.

»Leute! Wir werden jetzt doch nicht aufgeben?« Zaghaft nicken die anderen. Eigentlich hat er recht. Und außerdem macht all das ja auch Spaß! Sie müssen nur weiter Augen und Ohren offen halten. Soweit das eben als alte Herrschaften möglich ist und sich einfach ein bisschen langsamer und vorsichtiger bewegen.

Es ist alles fast so wie sonst auch, nur eben ein bisschen anders … .

»Also los! Bewegung, Bewegung!« Der Professor feuert sie an wie eine Fußballmannschaft vor dem großen Spiel. Jetzt schöpft die Bande wieder Mut. Siegessicher stecken sie die Daumen zusammen: »Yeah!«

Hör-Quiz
Auf die Plätze! Fertig! Loooos!

1. Richtig oder falsch?
alles dreht sich ...

Schreibe ein »r« für alle richtigen Aussagen in das Kästchen, für alle falschen notierst du ein »f«.

1 • Das Gleichgewichtsorgan ist dazu da, gleiche Gewichte zu erkennen.

2 • Das Gleichgewichtsorgan besteht aus den drei Bogengängen.

3 • Das Gleichgewichtsorgan ist an den Augen angebracht.

4 • Die Bogengänge sind mit Watte gefüllt, darum fühlst du dich manchmal so schwummerig.

5 • Durch das Gleichgewichtsorgan weißt du immer, in welcher Lage sich dein Körper befindet.

2. Bilderrätsel
Die Sprache der Hände

Wenn du das Rätsel löst, weißt du, wie man die Sprache der Hände nennt

1 2 3̶ 4̶   1 2 3 4̶ 5 6̶ - Sprache

3. Bitte ankreuzen Wie schützt sich das Ohr?

Kreuze an, was du tun kannst, um deine Ohren zu schützen:

☐ Ich kann ganz laute Musik hören, das mögen meine Ohren besonders gerne.

☐ Bei Baustellen mit lauten Baumaschinen bleibe ich lange stehen und sehe zu.

☐ Bei Kälte schützt ein Stirnband meine Ohren.

☐ Ich gönne meinen Ohren ab und zu eine Ruhepause.

4. Spiegel Kann der Hörsinn älter werden?

He, irgendetwas ist da ganz verkehrt! Kannst du den Satz richtigstellen?

Im Alter wird der Hörsinn schlechter. Darum fragen ältere Menschen manchmal nach. Wenn du ab bisschen lauter und auch deutlicher sprichst, dann habt ihr euch bestimmt einiges zu erzählen. Du wirst staunen, was für tolle Dinge ein Mensch in den vielen Jahren erlebt hat.

....
....
....
....

Lösungen ?!

Die Auflösungen zum Hör-Quiz findest du auf Seite 87 im Wörterbuch-Teil.

Hör Sinn! 59

5. dein Ohr Bauplan

Das eigentlich Wichtige an deinem Ohr liegt (innen oder außen?) ....

Der **Trichter zum Auffangen** der Geräusche heißt

....

Dieser **Tunnel** heißt

....

Das dünne Häutchen nennen wir

....

Hier liegen die

....

mit **merkwürdigen Namen**:

....

....

Das hier ist die

....

weil sie so aussieht, darin sind die

....

sie leiten die Information ans Gehirn.

6. Alles verdreht! Hörsinn

Kannst du aus diesem Buchstabensalat wieder richtige Wörter bauen?

Mahrme ....

Bossma ....

Gügelbiest ....

Lallenchlesw ....

Nerfnisn ....

Nöggegharn ....

Schnecke ....

7. Wer stellt sich hier vor? Bauplan

1 • Mein erster Teil ist ein **Musikinstrument**, mit dem auch Nachrichten übertragen werden.
2 • Mein zweiter Teil ist das, was **Tiere anhaben**.
3 • Ich selbst sitze im Ohr und **leite die Schwingungen** weiter.

....

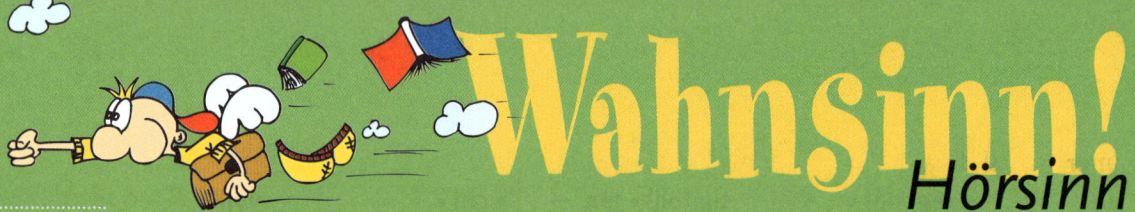

Wahnsinn!
Hörsinn

Hör Sinn!

sinn-lose Frage: Kann man Ohrfeigen essen?

Eine wunderbar verrückte Geschichte!

Teilt euch in mehrere Gruppen. Einigt euch auf ein Thema. Jede Gruppe nimmt 5 der Sprichwörter und baut sie in ihre Geschichte ein. Ist eine Gruppe fertig, kommt sofort die nächste dran. Viel Spaß!

Der wird was zu hören bekommen!
Na, hören Sie mal!
Das kann sich hören lassen!
Ich traue meinen Ohren nicht!
Wer nicht hören will, muss fühlen.

Die jammert mir die Ohren voll.
Hört, hört!
Der hat Ohren wie ein Luchs.
Man höre und staune!
Lass mal von dir hören.

Sperr die Ohren auf!
Ihm ist Hören und Sehen vergangen.
Ich glaub', ich hör nicht richtig!
Der hört ja die Flöhe husten.
Ich hau' mich auf's Ohr.

Die hört das Gras wachsen.
Das will ich aber nicht gehört haben!
Lass die Ohren nicht hängen!
Halt die Ohren steif!
Ich zieh' dir die Ohren lang!

Haaalt! Überfall!

Wenn in einem Western Banditen einen Zug überfallen wollen, legen sie ein Ohr auf eine Schiene. Wieso eigentlich? Der Schall breitet sich in der Schiene viel schneller aus, als in der Luft (ca. 17 mal so schnell!). So hören die Banditen den Zug, lange bevor sie ihn sehen können.

Rezept Nr. 3: Schweinsohren

Keine Angst! Das Rezept macht keinem Schweinchen den Garaus.

Unsere Schweinsohren werden nämlich aus Teig gebacken und schmecken ganz besonders fein!

Das benötigst du:

1 Packung (ca. 300g) tiefgefrorenen **Blätterteig** und 100g **Hagelzucker**

Lass den **Blätterteig ca. 90 Minuten auftauen**, dann streust du etwa die **Hälfte des Zuckers auf die Arbeitsfläche**.

Darauf **rollst** du den Blätterteig mit einem Teigwalker etwa **1-2 mm dick aus (Abb. 1)**.

Von dieser Rolle **schneidest du fingerdicke Scheiben (Abb. 3)**, die du gleich auf ein mit kaltem Wasser gespültes Backblech legst.

Danach läßt du die Öhrchen **15 Minuten ruhen**. Heize inzwischen den **Backofen auf 220°**.

Wenn du vorher ein wenig **Mehl** auf den Walker gibst, bleibt der Teig nicht daran kleben!

Und jetzt kommt der schwierige Teil: **Rolle den Teig von beiden Seiten her zu einer Art doppelter Rolle zusammen (Abb. 2)**.

Bitte einen Erwachsenen, das Blech in den Backofen zu schieben und backe die Öhrchen 10 Minuten. Dann vorsichtig (heißßßß!) wenden und auf der anderen Seite noch einmal 10 Minuten goldbraun backen. **Blech raus, abkühlen lassen, kosten, schmecken lassen!**

un er **hör** t!
auf **seh** en erregend! • **ri(e)ch** tig toll! • fan **tast** isch! • **geschmack** voll!

Hör Sinn! | **61**

sinn-lose Frage:
Um wieviel wachsen Ohren, wenn sie einem langgezogen werden?

Einfach tierisch!
Wie geht das Hören bei den Tieren?

Hunde, Hasen, Katzen, Rehe – alle Tiere mit großen, aufgerichteten **Ohren drehen** diese in die Richtung, aus der Geräusche kommen. Dadurch können sie viel genauer hören. Nicht einmal im Schlaf stehen die Ohren still.

Mücken haben ihre **Ohren in den Fühlern.**

Delphine senden sehr hohe Töne aus. Sie prallen an Riffen oder anderen Meerestieren ab und werden wieder zurückgeworfen. Der Delphin hört das Echo der Töne, die er ausschickt. So findet er sich zurecht und kann auch seine Beute orten. Die Töne sind so hoch, dass wir Menschen sie nicht hören können.

Auch **Fledermäuse** verwenden diese Technik, um in der dunklen Nacht fliegen und jagen zu können. Sie senden Töne aus und fangen sie mit ihren Riesenohren wieder auf. So wissen sie, was vor ihnen ist. Sie können Mücken in 20 Metern Entfernung noch erlauschen.

Raupen haben am ganzen Körper **feine Härchen.** Durch Schallwellen werden sie bewegt. So kann die Raupe hören und sich bei Gefahr ganz starr machen.

Die **längsten Ohren im Vergleich zur Körpergröße** haben die **Hängeohrkaninchen.** Bis zu 70 cm! Nimm dir ein Lineal und miss nach. Das ist fast so lang wie dein Arm!

Eulen haben ein unglaublich gutes Gehör. So können sie nachts immer Beute für sich und ihre Jungen finden. Nur durch ihren Hörsinn kann die Schleiereule eine Maus im Dunklen aufspüren.

Vögel haben keine Ohrmuscheln. Sie haben einfach **Löcher**, in die der Schall hineindringt.

Der **Elefant** benutzt seine Ohren nicht nur zum Hören, sondern auch als **Klimaanlage**, wenn es sehr heiß ist. Er fächelt damit Luft und **kühlt dabei das Blut** ab.

Wer hört am Besten?

*Das **menschliche Ohr** nimmt **nicht alle Töne** wahr. Ganz hohe oder tiefe Töne, die einige Tiere noch vernehmen, hören wir längst nicht mehr. Der **Umfang**, in dem Tiere und wir Menschen hören, ist sehr unterschiedlich. Man nennt das den **Hörbereich** – er wird in Hertz (Hz) gemessen:*
0 Hz = ganz tief;
150.000 Hz = ganz hoch.

Hund	15 - 50.000 Hz
Mensch	20 - 20.000 Hz
Krokodil	20 - 60.000 Hz
Laubfrosch	50 - 10.000 Hz
Katze	60 - 65.000 Hz
Grashüpfer	100 - 15.000 Hz
Delphin	150 - 150.000 Hz
Fledermaus	1.000 - 120.000 Hz
Schmetterling	3.000 - 150.000 Hz

So funktionieren auch Hundepfeifen: Hunde hören den hohen Ton der Pfeife, den wir Menschen nicht mehr wahrnehmen können.

Geruchssinn und Geschmackssinn

Warum ist die **Nase** mitten im **Gesicht**?

Warum schmeckt das Essen nicht, wenn du **Schnupfen** hast?

Wie **riecht Weihnachten**?

Was machen **Knospen** auf der **Zunge**?

Warum können sich manche **Menschen** nicht riechen?

»Dann wollen wir mal zu den wirklich schwierigen Aufgaben übergehen.« Lisa lächelt verschmitzt. Die Bande schaut sich fragend an. Vielleicht sollen sie ein Krokodil mit bloßen Händen fangen? Oder über ein Seil balancieren mit drei rohen Eiern in der Hand? Das wäre allerdings echt schwierig.

Lisa erklärt: »Wir haben nicht nur den Tast-, Seh- und Hörsinn, sondern noch zwei andere Sinne, ohne die uns das Leben nur halb so viel Spaß machen würde. Wisst ihr, welche ich meine?« Ben zählt an den Fingern ab: »Wir haben fünf Sinne. Drei haben wir schon, bleiben noch der Geruchssinn und der ... ?«

Hmmm, wie das duftet! Ahhh, wie das schmeckt!

GeschmacksSinn! **63**

Der Geschmackssinn ist ein Nahsinn – klar, du kannst ja nur kosten, was du in deinen Mund steckst, was dir nahe kommt.

Der Geruchssinn dagegen ist ein Fernsinn – Düfte von weit her können dir in die Nase steigen, aber auch der Gestank einer weit entfernten Mülldeponie. Iiiigitt! Wir können also etwas wahrnehmen, das zu weit weg ist, um es mit den Händen anzugreifen oder in den Mund zu stecken.

Eigentlich sind Geschmackssinn und Geruchssinn zwei verschiedene Sinne, aber sie gehören auch wieder zusammen, daher werden sie hier gemeinsam behandelt. Du wirst gleich merken, warum.

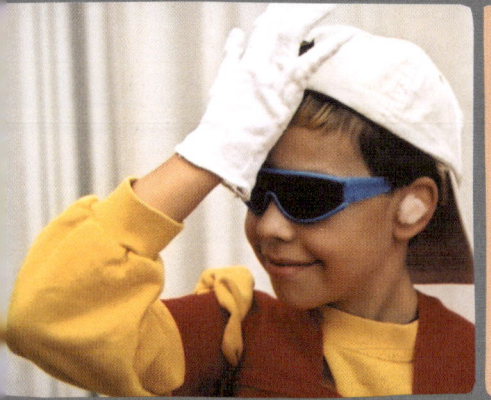

Er macht eine Pause. »Na logo! Der Geschmackssinn! Dass ich da nicht gleich drauf gekommen bin!« Er schlägt sich mit der flachen Hand auf die Stirn. Ohne Handschuhe hätte es sicher einen schönen Klatsch gegeben. So macht es nur ein dumpfes Patsch. Bine grinst: »Klingt ganz schön hohl.«

Schnell macht sie einen Satz zur Seite. Und das keine Sekunde zu spät, denn Ben wollte schon ausholen und scherzhaft nach Bine stoßen. Lisa geht dazwischen: »Na, na, gehört sich das denn für ältere Herrschaften?« Die Bande kichert. Nein – für ältere Herrschaften gehört sich das nun wirklich nicht …

Bauplan Zunge und Bedienungsanleitung

Geruchs Sinn!

Wozu brauchen wir die Zunge?

Wir brauchen sie zu mehr als nur zum Schmecken:

Du weißt ja: Das Baby steckt alles in den Mund und betastet es mit der Zunge.

Beim Sprechen formt die Zunge die Worte.

Und dann brauchst du deine Zunge noch, um beim Kauen die Speisen im Mund zu verteilen und zwischen die Zähne zu schieben.

Wusstest du?

UMAMI kommt aus dem Japanischen und steht für: »mmhhhh«, besonders wohlschmeckend. Das macht ein Bestandteil, der oft im Essen zu finden ist: Glutamat. Er sorgt dafür, dass du dein Essen als besonders gut schmeckend empfindest.

Auf der Zunge gibt es verschiedene Arten von Rezeptoren: die Geschmacksknospen. Sie erkennen **süß, sauer, salzig** und **bitter**.

Aber halt! Der Geschmackssinn ist noch lange nicht erforscht. Bisher glaubte man, bestimmte Stellen der Zunge seien für bestimmte Geschmacksrichtungen zuständig.

Wie es scheint, sind alle Geschmacksknospen aber **auf der gesamten Zunge verteilt**.

Und noch eine kleine Sensation: zu süß, salzig, sauer und bitter wird wohl noch eine **neue Geschmacksrichtung** kommen: **umami**. Und wer weiß, ob das schon die letzte Entdeckung ist ... .

der Geschmackssinn Bedienungsanleitung

1. Das Organ des Geschmackssinnes ist die **Zunge**. In sie sind **Geschmacksknospen eingebaut**. Sie erkennen **süß, sauer, salzig, bitter** und vermutlich noch andere Richtungen wie **umami**.

2. Wenn du etwas isst, dann **lösen sich die Geschmacksstoffe** durch das Kauen und vor allem durch den **Speichel**. Der Speisebrei berührt dabei immer wieder die Geschmacksknospen.

3. Die Geschmacksknospen erkennen die **verschiedenen Bestandteile des Essens** und schicken wieder viele **Botschaften ans Gehirn**. Dort werden alle **Informationen zusammen gesetzt** – wie bei einem Puzzle – und du weißt, was du gerade isst. Das geht natürlich blitzschnell, damit du etwas Ungenießbares oder Verdorbenes sofort ausspucken kannst.

Gespannt warten sie, wie es wohl weitergeht. Lisa hat ja Schwierigkeitsgrad 5 angekündigt. Als sie die Spannung bemerkt, lässt sie sich mit der Erklärung so richtig Zeit: »Jetzt wollen wir mal eine Runde Bus fahren.« Mit dem Bus? So wie sie aussehen? Da müssen sie wohl was falsch verstanden haben.

»Weißt du Lisa, was ich verstanden habe? Dass wir mit dem Bus fahren.« Chrissie lacht laut los und hält sich die Hand vor den Mund. »Ja, wir auch! So ein Blödsinn! Das kommt bestimmt wieder von den Ohrstöpseln.« Jetzt lachen alle. »Ja, genau das habe ich gesagt. Wir fahren jetzt eine Runde Bus.«

Der Geschmackssinn ist ein Nahsinn
Du kannst nur schmecken, was du in deinen Mund steckst.

Die Zunge ist nicht nur zum Schmecken da
Du brauchst sie auch zum Tasten, Kauen und vor allem zum Sprechen.

Geschmacks Sinn! 65

die Zunge Bauplan

Die Zunge ist der einzige Muskel in deinem ganzen Körper, der nur an einem Ende befestigt ist!

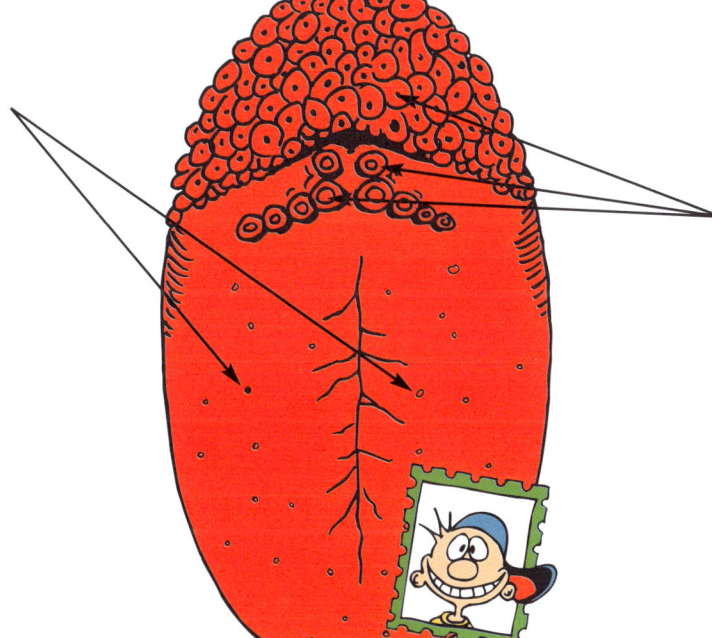

Überall auf der Zunge sind **Papillen** verteilt. Viele von ihnen sind zum Tasten.

Auf manchen Papillen sitzen **Geschmacksknospen**. Hunderte davon sind über die ganze Zunge verteilt.

Die Geschmacksknospen erkennen:
süß und **sauer**,
bitter und **salzig**

und:
umami
(das muss aber erst bestätigt werden).

Die meisten **Geschmacksknospen** liegen hier hinten auf der Zunge.

AUF DER ZUNGE IN DEN RILLEN
LIEGEN HUNDERTE PAPILLEN.

UND AUF IHNEN, DAMIT'S SCHMECKT,
SIND GESCHMACKSKNOSPEN VERSTECKT.

MIT IHNEN KANNST DU VIEL ENTDECKEN,
TASTEN, FÜHLEN UND AUCH SCHMECKEN.

Chrissi lässt langsam die Hand vom Mund sinken und starrt Lisa ungläubig an. Das wird ja immer schöner … . »Und warum fahren wir mit dem Bus?« »Das meinst du doch nicht ernst, Lisa?« »Wo fahren wir überhaupt hin?« »Und wo ist die Haltestelle?« Nacheinander haben alle die Sprache wiedergefunden.

Lisa hebt die Hände: »Langsam, langsam. Ja, ich meine es ernst! Wir fahren einkaufen – lauter gute schmackhafte Dinge.« Und damit verschwindet sie um die nächste Ecke. Aber diesmal bleibt die Bande Lisa knapp auf den Fersen. Nicht ohne sich vorher verschwörerisch auf die Stirn zu tippen.

Bauplan Nase
und Bedienungsanleitung

GeruchsSinn! — 66

Es liegt was in der Luft, ein ganz besond'rer Duft

Wenn du an einer Bäckerei vorbeikommst, schwirrt der herrliche Kuchenduft als winzige **Moleküle** durch die Luft. **Moleküle sind ganz kleine Teilchen.**

Aber alles in unserer Welt ist aus ihnen zusammengesetzt. Wie bei einem Puzzle. Und ununterbrochen schwirren sie durch die Luft.

Landet nun ein **Duft-Molekül** in deiner Nase, dann bleibt es an den **Riechhärchen** kleben.

Die Härchen, die für Kuchenduft zuständig sind, geben die Information an das Gehirn weiter. Dort wird der Duft erkannt und dein Gehirn gibt den Befehl: »Sofort kehrt machen, Kuchen kaufen, schmecken lassen!« Vorausgesetzt, du hast genug Geld in deiner Hosentasche ... .

Wusstest du?

Was meinst du, aus wie vielen **verschiedenen (Geruchs-)Teilen** sich der Duft einer Rose zusammensetzt? **Rosenduft ist aus 200 verschiedenen Teilchen zusammengesetzt!**

Wenn du nun an einer Rose riechst, baut das Gehirn diese verschiedenen Teile zusammen und erkennt: Rosenduft

der Geruchssinn Bedienungsanleitung

1. Der **Geruchssinn** sitzt im Inneren der Nase, an der **oberen Nasenhöhle** und ist ein **Fleck** so groß wie eine Briefmarke.

2. Auf dem **Riechfleck** sind überall klebrige **Riechhärchen**, die alle für eine bestimmte Art von Geruch zuständig sind.

3. Wenn du in die Luft schnupperst, schwirren die Duftmoleküle in der Nase am Riechfleck vorbei.

Dabei bleiben **einige von ihnen an den zuständigen Härchen kleben**: die Kuchenmoleküle an den Kuchenduft-erkenn-Härchen, die Misthaufenstinkermoleküle an den Misthaufenstink-erkenn-Härchen und so weiter.

Die Härchen senden sofort über den Riechnerv die **Botschaft an dein Gehirn**: »Hallo! Wir haben Kuchenduft entdeckt!«

»Halt, halt! Wo wollt ihr denn hin?« Dani und Ben wollen schon zum Ausgang. »Na zum Bus!« Der Prof schaut verwundert: »Der Bus fährt aber da drüben los.« Lisa deutet in einen kleinen Raum. Die Kinder wechseln einen »die-spinnen-die-Erwachsenen-Blick« und folgen Lisa. Tatsächlich! Da ist eine große bunte Busstation. Davor steht eine Art Skateboard, an das vorn und hinten Schnüre gebunden sind. Das ganze Brett steht auf großen Federn, sodass die ganze Sache schon beim Hinsehen sehr wackelig wirkt. Eine seltsame Konstruktion! »Also gut. Dann wollen wir zum Supermarkt fahren. Wer beginnt?«

Die Riechhärchen
fangen kleinste Duftteilchen aus der Atemluft und machen Meldung an das Gehirn.

Schmecken
Beim Essen gelangen Duftteilchen von deinem Mund in die Nase und damit auf den Riechfleck. Erst dadurch kannst du das Essen richtig schmecken.

Geschmacks Sinn! 67

die Nase Bauplan

Im **Gehirn** werden die Informationen der Riechhärchen zu einem Geruch zusammen gesetzt und gespeichert.

Die **Riechhärchen** schicken ihre Informationen über den **Riechnerv** zum Gehirn.

Wenn du atmest oder in die Luft schnupperst, ziehst du die Luft durch die **Nasenlöcher** ein.

Riechfleck mit **Riechhärchen**

Die eingeatmete Luft streicht am **Riechfleck** vorbei.

Sie enthalten Duftmoleküle, die an den **klebrigen Riechhärchen** hängen bleiben.

Die Luft braust durch dein Nasenloch,
ganz voll mit Molekülen.
Am Riechfleck schweben sie vorbei,
und bleiben auch dran kleben.
Die Riechhärchen erkennen was und schickens zum Gehirn
das geht blitzschnell, du weisst sofort, ists Apfel oder Birn'.

Ben ist der erste. Lisa gibt ihm eine Einkaufstasche, in der die Fahrscheine stecken. Er besteigt den Bus. Der Prof und Bine ziehen an den Seilen. Das Brett ruckelt wie ein richtiger Bus. Ben wird ganz schön hin und her geschüttelt. Er versucht, sich auf den Beinen zu halten und dabei auch noch den

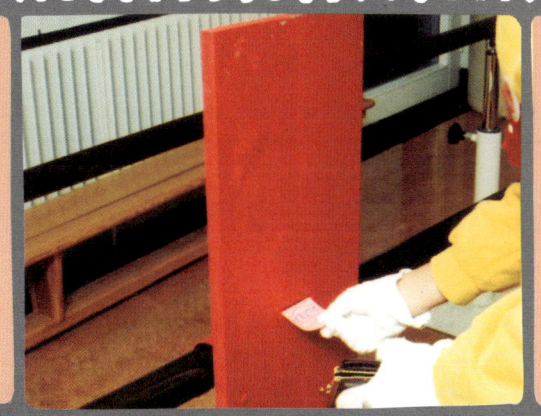

Fahrschein zu finden. Endlich hat er ihn. Umständlich versucht er, ihn in den Schlitz des Automaten zu stecken. Dabei fällt sein Stock um. Chrissi springt auf: »Darf ich Ihnen behilflich sein?« fragt sie höflich. Endlich schafft Ben es, die Karte zu entwerten. »Station Supermarkt!« Ben steigt erleichtert aus.

68 Geruchs Sinn!

Das erinnert mich doch an was!

Wie riecht Weihnachten?

Was du einmal gerochen hast, ist für immer fest in deinem **Riechhirn** gespeichert. Wenn du es wieder riechst, wirst du vielleicht sogar die Situation vor Augen haben, in der dir dieser Geruch zum ersten Mal begegnet ist.

Gerüche können Erinnerungen wachrufen, Ekel erregen oder richtig großen Appetit auf etwas machen. Ein Geruch, den du in einer Situation gerochen hast, in der du dich gefürchtet hast, kann immer wieder ein unangenehmes Gefühl auslösen. Selbst wenn du ihn später ganz wo anders riechst und gar keine Gefahr droht.

Umgekehrt kann auch ein Geruch, den du in einem besonders schönen Moment wahrgenommen hast, dieses schöne Gefühl immer wieder hervorzaubern.

Erscheint beim **Duft von Kerzen und Lebkuchen** nicht das Bild von **Christbaum und Weihnachten** vor deinen Augen?

Wusstest du?

Läuft dir manchmal das Wasser im Mund zusammen, wenn du hungrig bist?

Findige Gastwirte nutzen das: Sie stellen Duftsäulen vor dem Lokal auf, die den Geruch von leckerem Essen versprühen. Den Vorbeigehenden läuft das Wasser im Mund zusammen und sie kriegen Hunger … .

Warum können sich manche Menschen nicht riechen?

Gerüche bestimmen sogar unsere Beziehung zu anderen Menschen. Über unsere Nase nehmen wir nämlich winzige Spuren von ihrem Geruch auf.

Dieser **Geruch kann uns anziehen, uns völlig egal sein oder uns abstoßen**. Das alles passiert, ohne dass wir es merken, und geht weit zurück in die Geschichte der Menschheit. Bis zu der Zeit, als wir noch mit Fellen bekleidet in Höhlen lebten.

Und so kann es vorkommen, dass zwei Menschen sich einfach »**nicht riechen**« können – sich nicht mögen.

Ben ist immer noch ein bisschen wackelig. »*Und jetzt?*« Wer weiß, was da noch kommt. »*Jetzt gehst du Obst, Gemüse, Wurst und Käse kaufen.*« Lisa deutet auf einen Tisch, der mit Tüchern abgedeckt ist. »*Und damit das Einkaufen nicht zu einfach wird, verbinde ich dir noch die Augen.*«

»*Hey! Davon war aber nicht die Rede!*« Ben hebt abwehrend die Hände, aber Lisa ist schneller. »*Ups! Das hätte ich fast vergessen.*« Jetzt bekommt er auch noch eine Klemme auf die Nase. »*Toll!*« Ben steht da wie ein begossener Pudel: »*Und was jetzt? Soll ich etwa blind einkaufen gehen?*«

Die Nase merkt sich alles

Was immer du schon einmal gerochen hast, kann dein Geruchssinn wiedererkennen. Er vergisst keinen einzigen Geruch.

Geruch
kann Erinnerungen hervorrufen – gute und weniger schöne.

Geschmacks Sinn! **69**

Feinschmecker oder Feinriecher?

Und ob du es glaubst oder nicht: Dein Geruchssinn ist sogar mit dafür verantwortlich, dass deine Lieblingsspeise so besonders gut schmeckt.

Richtig schmecken und genießen kannst du nämlich erst, wenn Geschmacks- und Geruchssinn zusammenarbeiten.

Beim Essen lösen sich kleine Duftmoleküle und schwirren durch einen Verbindungsgang vom Mund in die Nase. Dort bleiben sie am Riechfleck kleben.

Und die Riechhärchen schicken alle Informationen an das Gehirn. Erst jetzt schmeckt dir das Essen so richtig.

Ein **Feinschmecker** sollte sich also viel eher »**Feinriecher**« nennen! Das wird dir spätestens dann klar, wenn du starken Schnupfen hast. Alles schmeckt dann langweilig und fade.

Genau das kannst du aber auch zu deinen Gunsten nutzen: Medizin schmeckt gleich nur mehr halb so grausig, wenn du dir beim Schlucken die Nase zuhältst.

Experiment

Ohne Nase können wir nur schwer feststellen, was wir essen oder trinken. Das glaubst du nicht?

*Befülle **mehrere Gläser mit verschiedenen Getränken**: Saft, Milch, Wasser ... Es sollte aber **kein Getränk mit Kohlensäure** (Sprudel) dabei sein.*

*Und jetzt teste, ob du mit **geschlossenen Augen** und **zugehaltener Nase** feststellen kannst, **was du trinkst**. Gar nicht einfach, oder?*

Lisa lächelt, was Ben natürlich nicht sehen kann. »Viel besser. Du darfst dich jetzt durch unseren Supermarkt schmecken.« Bens Augenbrauen bilden ein riesengroßes Fragezeichen. »So. Mund auf! Mal sehen, ob du schmeckst, was das ist.« Damit steckt sie ihm einen Löffel Bananenmus in den Mund.

Ben zögert: »Hmm ... irgend ein Teig?« Er schiebt den Bissen im Mund hin und her: »Pudding? Apfelmus? Ich hab keine Ahnung.« Lisa nimmt die Klemme von Bens Nase und gibt ihm noch einen Bissen. Wie aus der Pistole geschossen sagt Ben: »Na logo – Banane!« »Ja und das vorher auch«, lächelt Lisa.

Gut? Schlecht?
... Das ist hier die Frage!

70 Geruchs Sinn!

Wir riechen schon im Bauch der Mutter

Ob dir ein Geruch angenehm ist, ob er dich abstößt oder ob er Alarm bei dir auslöst, ist **zum Teil angeboren, zum Teil erlernt**.

Angeboren ist zum Beispiel die abstoßende Wirkung von Aasgeruch (das ist der Geruch von verdorbenem, faulendem Fleisch). Du könntest sehr krank werden oder sogar sterben, wenn du davon isst.

Auch die **Bewertung** mancher Gerüche lernst du **schon im Bauch der Mutter**. Daran, was die Mutter gegessen hat, lernt das Baby, was genießbar und ungefährlich ist.

Das ist auch bei den Tieren so. Tierbabys müssen schon bald selber ihr Futter suchen.

Junge Häschen zum Beispiel bevorzugen die Pflanzen, von denen sich auch ihre Mutter ernährt. Sie haben den Geschmack und Geruch bereits im Mutterleib und in der Muttermilch kennengelernt.

Gut? Schlecht? Das weiß ja schon ein Baby!

Auch ein Menschenbaby lernt durch die Muttermilch viele verschiedene **Aromen** (das sind Geschmacksrichtungen) kennen. Und Babies reagieren auf das, was die Mutter gegessen hat.

Sie nehmen zum Beispiel Knoblauchgeschmack und -geruch in der Muttermilch an. Alkoholgeschmack in der Milch lehnen sie dagegen ab. Ist ja klar, der hat da auch absolut nichts zu suchen!!!

Wusstest du?

Dass wir »süß« besonders gern mögen und »bitter« eher ablehnen, ist wahrscheinlich angeboren. Und das lässt sich so erklären:

In der Natur sind giftige Dinge nämlich meistens bitter. Süße Dinge, die giftig sind, kommen dagegen fast gar nicht vor.

Ben schüttelt sich: »Bääh! Ich hasse Banane!« »Ich liiiiebe Banane!« Bine reibt sich den Bauch. Chrissi zieht den Prof am Ärmel und flüstert: »Wir haben unsere Mission ganz vergessen. Mir wird schon schlecht, wenn ich nur dran denke, was meine Mutter mit mir macht, wenn sie das mit dem Kettchen rausbekommt.«

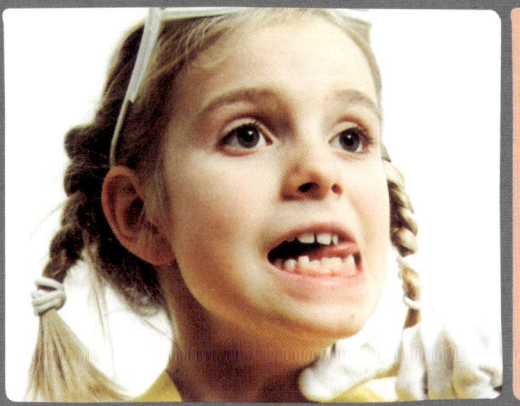

Sie fährt sich mit dem Zeigefinger langsam über den Hals und verdreht die Augen. Das bedeutet nichts Gutes. »Ach, wir werden es schon finden. Wirst sehen.« Aber es sieht nicht so aus, als würde sie sich einmal mit dieser Antwort abspeisen lassen. Sie sieht schon wieder verdächtig nach Wolkenbruch aus.

Manche Gerüche bedeuten Gefahr
Das weißt du schon von Geburt an. Bei anderen lernst du es im Laufe deines Lebens.

Andere Länder, andere Düfte
In den verschiedenen Ländern werden verschiedene Gerüche und Geschmacksrichtungen bevorzugt oder auch abgelehnt.

Andere Länder, andere Düfte und andere Geschmäcker

Auch **kulturelle Vorlieben** sind bei Gerüchen möglich.

Das sind Vorlieben, die in bestimmten Teilen der Welt unterschiedlich sind, weil die Menschen überall anders leben und auch andere Speisen essen.

Möglicherweise ist auch das bereits durch den Geschmack der Muttermilch geprägt.

Japaner lieben den Geruch von rohem Fisch, Italiener natürlich den von frischer Pizza und Chinesen den von Soja. Österreicher mögen Kaffeeduft, den Geruch von frischem Fleisch auf dem Grill und Kuchenduft.

Am liebsten riech' ich ... Am liebsten ess' ich ...

Dazu kommen natürlich noch die **persönlichen Vorlieben** eines jeden Einzelnen. Jeder Mensch hat seinen eigenen, ganz persönlichen Lieblingsduft.

Darum gibt es ja auch so viele verschiedene Parfums (und verschiedene Lieblingsspeisen und Lieblingsgetränke und Lieblings ...).

Was riechst du am liebsten? Und was ist dein allerliebstes Lieblingsessen?

Riech' mal!

*Was ist **dein Lieblingsduft**? Mit welchem Geruch verbindest du die angenehmste Erinnerung?*

***Schließe deine Augen und schnüffle** in dein Riechgedächtnis. Na, hast du deinen persönlichen Lieblingsduft entdeckt?*

Was riechst du noch gerne? Findest du vielleicht auch einen Geruch, der dir ein mulmiges Gefühl macht?

Welcher Geruch löst in deinem Kopf Alarm aus?

Lexikon

Aroma

So nennt man einen ausgeprägten (angenehmen) Geschmack oder Duft.

»Oh, oh.« Dani zieht Bine am Ärmel. Die weiß nach einem einzigen Blick was Sache ist. Schnell legt sie den Arm um Chrissi: »Schau, wir finden das Kettchen bestimmt. Irgendwo muss es ja schließlich sein.«
»Ja, irgendwo!« schluchzt Chrissi. Jetzt ist sie sehr nahe am großen Tränengewitter.

Erwartungsvoll blicken alle auf Dani. Der hebt ratlos die Schultern, ist aber klug genug, nicht zuzugeben, dass er keinen neuen Plan hat. In diesem Moment hält ihnen Lisa eine Packung Wurst unter die Nase: »Ist diese Wurst noch gut?« Der Prof atmet erleichtert auf. Das gibt ihm Zeit zum Nachdenken.

Blume, Hund, Kuchen, Misthaufen

Geruchs Sinn!

Warum riechen wir nicht ständig alle herumschwirrenden Gerüche?

Blume, Gummi, Parfum, Misthaufen, Schweinebraten ...

Die Welt ist voller Gerüche, denn aus allem, was herumliegt, steht oder geht, **lösen sich fortwährend kleine Duftmoleküle.** Und die schwirren dann durch die Luft.

Das kommt daher, dass sich der Geruchssinn **an bestimmte Gerüche gewöhnen** kann und diese dann nicht mehr in dein Bewusstsein gelangen.

Wenn du dich länger in einer Parfumerie aufhältst, wirst du die vielen intensiven Düfte bald nicht mehr bemerken. Dein Gehirn filtert sie heraus wie ein Sieb.

Erst wenn du kurz hinausgehst und wiederkommst, wird deine Nase wieder darauf reagieren, weil der **Geruch dann wieder neu ist,** aber nach einiger Zeit wird sie sich wieder daran gewöhnen, und so weiter.

Wir würden verrückt werden, wenn ...

... wir ständig alles riechen – wir würden in einer Welt der Gerüche versinken.

Stell dir vor, dein Gehirn würde immer und immer wieder melden: »Es riecht nach Blumen, es riecht nach Blumen, es riecht nach Blumen, es riecht nach Blumen ...« Oder: »Blumen, Tomate, Blumen, Kuchen, Schweinebraten, Hund, Blumen, Socken ...«.

Du würdest wahrscheinlich bald verrückt werden ... .

Kommt aber ein Geruch dazu, den dein Gehirn für wichtig hält, so gelangt er sofort in dein Bewusstsein. So wie der Kuchenduft, wenn du hungrig bist.

Wusstest du?

Unsere Nase kann nicht alle Gerüche wahrnehmen. Deshalb gibt es an Orten, wo gefährliche Gase ausströmen, künstliche Nasen. Das sind Apparate, die »für uns riechen«.

Zum Beispiel in Betrieben, wo Kohlenmonoxyd ausströmt. Wir können es nicht riechen, aber wenn wir es einatmen, ist es tödlich.

»Na? Wer prüft, ob sie noch gut ist?« Bine nimmt die Packung: »Da ist bestimmt ein Ablaufdatum drauf.« Sie dreht die Packung hin und her und hält sie ganz dicht vor die Augen. »Hmmm – ich kann es nicht entziffern. Es ist viel zu klein gedruckt und außerdem ist es irgendwie unscharf.«

Ben wird ungeduldig. »Gib her! Du hast bestimmt nicht richtig geschaut! Ah! Da steht 3.5., nein, 8.5. oder ist es 6.8.?« Lisa lächelt: »Da solltet ihr aber genauer herausfinden, sonst holt ihr euch ganz schön Bauchweh.« »Machen wir sie doch einfach auf und riechen daran, dann wissen wir´s genau.«

Um dich herum riecht alles

Dein Gehirn filtert die wichtigen Gerüche heraus. Sonst würdest du in einer einzigen Duftwolke versinken.

Geruchs- und Geschmackssinn schützen uns
- zum Beispiel davor, verdorbene Lebensmittel zu essen.

Geschmacks Sinn!

Alarm!

Deine Nase warnt dich auch vor Gefahren, zum Beispiel, wenn es irgendwo brennt. Der Rauch riecht »brenzlig«, und dein Geruchssinn warnt dich davor, dass es gefährlich für dich werden könnte.

Deshalb sitzt deine Nase auch mitten im Gesicht. Da oben kann sie ungehindert riechen, sie ist nicht durch Kleidung bedeckt.

Stell' dir doch einmal vor, die Nase wäre am linken Fuß. Du müsstest immer barfuß gehen, damit du riechen kannst und dann kommt plötzlich - platsch! - eine große Pfütze ...

Dein Geruchs- und Geschmackssinn haben also nicht nur die Aufgabe, dir das Leben zu versüßen (oder manchmal auch zu verbittern - denk an Medizin).

Sie sind auch ganz wichtige Schutzvorrichtungen deines Körpers.

Zum Reinriechen

Was sind deine Lieblingsspeisen?

_____

_____

_____

Welche magst du gar nicht?

_____

_____

_____

Der Prof schnuppert. »Riecht ok. Ich koste mal.« »Gut«, meint Lisa, »aber mit Nasenklemme. Du weißt ja: bei älteren Menschen ist der Geruchs- und Geschmackssinn nicht mehr so gut.« »Hmm – schmeckt irgendwie nach ... nix.« »Lass mich mal.« Bine nimmt ihm die Klemme ab und steckt sie sich selber auf die Nase.

»Schmeckt wirklich nach wenig. Gut oder schlecht ist schwer zu sagen.«

Da kommt Chrissis Mutter. Chrissi schaut den Professor verzweifelt an. Aber der weiß auch nicht mehr weiter. Sie haben alles durchsucht. Er zieht die Schultern hoch. Jetzt hilft nur noch ein Wunder.

Können Geruchs- und Geschmackssinn älter werden?

74 | Geruchs Sinn!

Weniger Geruch - Weniger Geschmack

Dass Geruchs- und Geschmackssinn vorübergehend verschwinden können, wenn du starken Schnupfen hast, hast du bestimmt schon selbst bemerkt.

Aber wenn der Schnupfen vorbei ist, schmeckt und riecht alles wieder so toll wie vorher.

Mit dem Alter verändert sich aber die Fähigkeit, Geruch und Geschmack wahrzunehmen.

Die **Geschmacksknospen** der Zunge haben sich im Laufe des Lebens **stark verringert**. Beim Baby waren es noch über 10.000. Dagegen sind es bei älteren Menschen nur noch 5.000 oder weniger. Klar, dass da nicht mehr so viele Geschmacksunterschiede wahrgenommen werden können.

Auch der Geruchssinn wird schwächer. Einem alten Menschen kann es schon einmal passieren, dass er verdorbene Lebensmittel isst und sich so eine sehr unangenehme Magenverstimmung zuzieht.

Was können wir tun?

Das **Alarmsystem funktioniert nicht mehr so gut.** Allerdings ist es nicht so, dass alte Menschen gar nichts mehr riechen und schmecken können. Nur ein bisschen weniger. Aber auch das kann schon zu gefährlichen Situationen führen.

Daher ist es besonders wichtig, dass **Ablaufdaten auf Lebensmitteln** besonders gut leserlich gedruckt werden. Schließlich enthalten sie wichtige Informationen für jeden Käufer, nicht nur für ältere Menschen.

Wusstest du? Im Alter wird der Geschmackssinn schwächer. Aber das Erkennen von »süß« verändert sich fast nicht. Darum essen nicht nur Kinder, sondern auch ältere Menschen zu viele süße Sachen.

»Du Mama ...«, beginnt Chrissie mutig. Ihre Mutter legt den Finger an die Lippen: »Gleich, mein Schatz. Lisa möchte etwas sagen.« Lisa verbeugt sich scherzhaft: »Ihr habt euch sehr tapfer geschlagen.« »Na leicht war's nicht.« Ben grinst. Nur Chrissi wird immer stiller und bastelt schon an ihrem Geständnis ...

Die anderen wollen sie aufmuntern: »Wir halten zusammen! Keine Angst!« Bine legt den Arm um sie: »Wird halb so schlimm!« Da hat es Chrissis Mutter plötzlich eilig: »Wi spät ist es? Ich muss doch noch zur Bank.« Sie schaut auf die Uhr. Bine stößt einen Schrei aus und zeigt aufgeregt auf Chrissis Mutter.

Im Alter

werden Geruchs- und Geschmackssinn schwächer.
Das bedeutet, dass Gefahren, etwa durch verdorbene Lebensmittel, nicht mehr so leicht erkannt werden können.

Geschmacks Sinn! 75

Ich komme gerade aus dem Krankenhaus. Wir haben meinen Uropa besucht. Soll ich euch was sagen? Ich bin obermächtig wütend und sauer und überhaupt!
Es ist nämlich so, dass mein Uropa vergiftet ist! Er hat eine verdorbene Wurst gegessen. Ihr werdet jetzt sagen: »Na, hätte er doch auf das Ablaufdatum geschaut! Wozu gibts das denn?!« Ja, wozu gibts das denn, wenn man es nicht lesen kann!

Mein Uropa konnte es eben nicht genau lesen, weil er schon schlecht sieht und es so blöd gedruckt war. Ganz durchsichtig und winzig klein und dann auch noch hinten auf der Packung! Und weil mein Uropa sehr sparsam ist und nicht alle Lebensmittel gleich wegwirft, nur weil er was nicht lesen kann, hat er die Wurst gekostet.

Und da kommt der nächste Hammer! Weil eben der Geschmackssinn im Alter nicht mehr so ganz vollständig funktioniert, hat er auch nicht gleich geschmeckt, dass die Wurst verdorben war. Im Gegenteil: Er dachte, dass sie noch ganz in Ordnung ist und hat sie aufs Brot getan. Mit Knoblauch. Und jetzt hat er schreckliches Bauchweh und ist im Krankenhaus. Aber es kommt noch besser!

Die Frau Erlach, seine Nachbarin, hat gemeint, dass man alte Menschen eben nicht mehr alleine wohnen lassen kann. Da passiert halt sowas. Das finde ich falsch, weil die Frau Doktor in der Geriatrie, hat nämlich gesagt, dass alte Menschen sehr wohl alleine leben können, und dass sie das auch wollen. Und dass sie ein Recht darauf haben. Und wir sollten nur etwas rücksichtsvoller und aufmerksamer sein. Und die Umwelt muss nur ein kleines bisschen verändert werden. Mit größer gedruckten Ablaufdaten bei Lebensmitteln zum Beispiel.

Das habe ich auch der Frau Erlach gesagt – weil ich so wütend war. Da hat sie ganz betreten dreingeschaut und ich glaube, sie denkt jetzt selbst daran, dass auch sie einmal alt wird. Und dass sie dann auch gerne in ihrer Wohnung leben möchte und nicht in einem Altersheim.

Daniel

zum Zeichnen

Frederic möchte Blumenduft schnuppern. **Zeichne ihm doch einen bunten Blumenstrauß.** *Vielleicht noch einen Schmetterling dazu? Oder eine kleine Biene? Frederic ist schon sehr neugierig auf dein Geschenk!*

Die Bande schaut sich ratlos an. Dann sehen sie es auch! Am Handgelenk der Mutter glänzt das Kettchen. »Was ... ?!?« Die Bande ist völlig verwirrt. Da suchen sie wie verrückt und dann hängt es die ganze Zeit vor ihrer Nase! »*Du trägst ja das neue Kettchen, Mama!*« stottert Chrissi.

»*Ja – ich hab es am Küchenboden gefunden. Frederic hat wohl damit gespielt. Was wolltest du denn vorhin sagen?*«

»*Äh, ... na, dass der Tag heute super war! So einen spannenden Ausflug haben wir noch nie gemacht.*« Die Bande grinst verschwörerisch ... .

76 | Geruchs Sinn!

Riech-Schmeck-Quiz!

1. Richtig oder falsch? Geruch und Geschmack

Ein »r« für alle richtigen Aussagen, für alle falschen notiere ein »f«.

1 • Der Geschmackssinn ist ein Nahsinn. ☐

2 • Der Geruchssinn ist ein Nahsinn. ☐

3 • Wir schmecken mit den Lippen. ☐

4 • Mit der Zunge können wir nur salzig, sauer, süß, bitter (und umami) erkennen. ☐

5 • Wenn die Geschmacksknospen aufgehen, werden sie schöne Blumen. ☐

6 • Die Zunge brauchen wir nur zum Schmecken. Sonst ist sie für nichts gut. ☐

7 • Die Riechhärchen muss man bürsten, sonst verkleben sie. ☐

8 • Wenn du Schnupfen hast, schmeckt dir das Essen besonders gut. ☐

9 • Der Geruchssinn ist empfindlicher als der Geschmackssinn. ☐

2. Wie bitte? Das erinnert mich doch an was ...
So sollte sich der Feinschmecker eigentlich nennen:

3. einkreisen! Das erinnert mich doch an was ...
Mache einen Kreis um alle Gerüche, die Gefahr bedeuten können:

Rauch   Schimmel

Schweinebraten   Vanille

Gasgeruch   Aasgeruch

Kuchenduft   Blumenduft

frische Erde   Parfum

Heu   Autoabgase

4. Wortschlange ... älter werden?

So was! Schon wieder alles ohne Luft holen zu können. Du weißt ja schon, was zu tun ist: Stelle den Satz doch bitte richtig und schreib ihn unten hin.

ImAlternimmttauchdieSchärfevonGeruchsundGeschmackssinnab.VerdorbenesEssenkannnichtmehrsoschnellerkanntwerden.Daheristesbesonderswichtig,dassAblaufdatenaufLebensmittelngroßunddeutlichgeschriebenwerden.SokannniemandsichmiteineraltenWurstvergiften.

....
....
....
....

Lösungen ?!

Die Auflösungen zum Riech-Schmeck-Quiz findest du auf Seite 87 im Wörterbuch-Teil.

Geschmacks Sinn! 77

5. deine Zunge Bauplan

die Zunge ist an .... (wievielen Enden) befestigt?

Sie sind **überall auf der Zunge** verteilt:

....

Auf manchen davon sitzen

.... **zum Schmecken**

Die meisten davon liegen (hinten, in der Mitte oder vorne?) auf der Zunge:

....

Die **verschiedenen Geschmacksrichtungen** heißen:

....

....

....

und, ganz neu:

....

6. deine Nase Bauplan

Wo werden die Informationen zu einem Geruch **zusammen gesetzt**?

....

Wer schickt die Riech-Informationen **zum Gehirn**?

....

Wenn du atmest, ziehst du **Luft ein** durch die

....

Die eingeatmete **Luft streicht vorbei am**

....

Die Duftmoleküle bleiben an den **klebrigen**

....

hängen

Wahnsinn! Geschmackssinn!

sinn-lose Frage: Mögen fleischfressende Pflanzen Schnitzel?

Spielst du mit?

Sucht euch (geheim!) Sprichwörter aus. Wer beginnt, umschreibt das Sprichwort, darf dabei aber keines der Wörter verwenden, die im Sprichwort vorkommen.

Wer zuerst die richtige Antwort weiß, bekommt einen Punkt und der Nächste ist an der Reihe.

Mir klebt die Zunge am Gaumen.
Der hat eine lose Zunge.
Jemanden nicht schmecken können.
Schmeckt wie eingeschlafene Füße!
Jemandem etwas schmackhaft machen.
Eher beiß ich mir die Zunge ab!
Es liegt mir auf der Zunge.
Lass dir das auf der Zunge zergehen.
Halte deine Zunge im Zaum!
Ihm hängt die Zunge schon aus dem Hals.
Hüte deine Zunge!
Mit gespaltener Zunge sprechen.
Er nimmt den Mund ganz schön voll.
Sie redet sich den Mund fusselig.
Der hat ein großes Mundwerk.

Hilfe! Ein Zungenbrecher!

Ein Zungenbrecher ist kein brutaler Mensch, sondern ein Satz, der sehr schwierig auszusprechen ist, so wie:

Die dicke Dame dankt dem dicken Diener, weil der dicke Diener die dicke Dame durch den dicken Dreck trug.
Sag das doch mal ganz schnell!

Rezept Nr. 4: Sinn-Verwirr-Pizzabrot

Süß und sauer passt nicht zusammen? Dann probier mal dieses Rezept aus!

Du brauchst:

ein großes türkisches **Fladenbrot** • **Tomatenmark** aus der Tube • getrockneten **Oregano** • eine kleine Dose **Ananas in Scheiben** • 100 g **Schinken** • 150 g **Pizzakäse**

Bitte einen Erwachsenen, ein **Fladenbrot in der Mitte auseinander** zu schneiden.

Lege beide **Hälften auf ein Backblech** und bestreiche sie mit **Tomatenmark**. Streue etwas **Oregano** darauf.

Jetzt **belegst du die Hälften** mit Schinken, und legst Käsescheiben darüber. Zum Schluss legst du noch Ananas darauf und nun brauchst du wieder deinen erwachsenen Helfer:

Schiebe das Blech in den auf **180°** vorgeheizten **Backofen** und warte, bis der **Käse** schön **geschmolzen** ist.

Wenn er leicht **goldbraun** wird, ist es wieder Zeit für deinen Helfer: Raus mit den herrlichen Pizzabroten **und alle zu Tisch!**

Dein Geschmackssinn wird sich über diese verwirrende Kombination von süßen Ananas mit Schinken und Käse freuen!

geschmack voll!
uner**hör**t! • ri(e)ch tig toll! • fan **tast** isch! • auf **sehen** erregend!

Übrigens:
In seinem Leben verspeist ein Europäer durchschnittlich
10 Schweine, 2000 Fische, 5000 Brote, 100 Kuchen und Torten! Mahlzeit!

GeschmacksSinn! **79**

Einfach tierisch!
Wie geht das Schmecken bei den Tieren?

Schnecken haben klitzekleine Zähne auf der Zunge. Das können bis zu 25.000 (fünfundzwanzigtausend!!!) sein.

Übrigens: Wenn Schnecken zuviel Torte naschen, wird ihnen genauso übel wie dir!

Die Zunge mancher pflanzenfressender Tiere ist besonders lang.

Kühe können zum Beispiel ein ganzes Grasbüschel mit ihrer Zunge umfassen und ausreißen.

Giraffen können mit ihrer langen Zunge vorsichtig die Blätter von dornigen Ästen pflücken.

Wie schwer ist deine Zunge? Die Zunge eines **Blauwals** wiegt soviel wie ein ganzer Elefant.

Die **Stubenfliege** schmeckt mit ihren Füßen. Da sind nämlich Geschmacksknospen drauf. Das ist sehr praktisch, denn wenn sie also auf deinem Pausenbrot landet, kann sie gleich kosten, womit es belegt ist.

Die Zunge eines **Chamäleons** ist so lang wie sein Körper (ohne Schwanz). Mit stolzen 80 cm ist sie länger als die der Giraffe.

Katzen haben ganz raue Zungen – damit können sie ihr Fell wunderbar putzen und bürsten.

Geschmäcker sind verschieden

Milch wird im Fernen Osten (China, Ost- und Südasien) als Nahrungsmittel abgelehnt. Den Menschen dort graust davor. In manchen Teilen Indiens dürfen *Ananas* nicht gegessen werden.

Es gibt Religionen, die manche Nahrungsmittel verbieten. In Indien gelten Kühe als heilig und dürfen daher nicht geschlachtet und schon gar nicht gegessen werden. Juden und Muslime dürfen kein Schweinefleisch essen.

Dafür essen andere Völker Sachen, bei denen es uns den Magen herumwirbelt: Geröstete Maden gelten in Australien als Spezialität.

Aber es kommt dicker: von gegrillten Heuschrecken, knusprig gebratenen Spinnen, Termiten und Ameisen hin zu streifig geschnittenen Quallen bis zur Schlangensuppe.

Auf den Speiseplänen der Welt finden sich die abenteuerlichsten Gerichte. Wichtig ist, dass es schmeckt! Und dass wir andere nicht ablehnen, nur weil sie etwas anderes gut finden als wir.

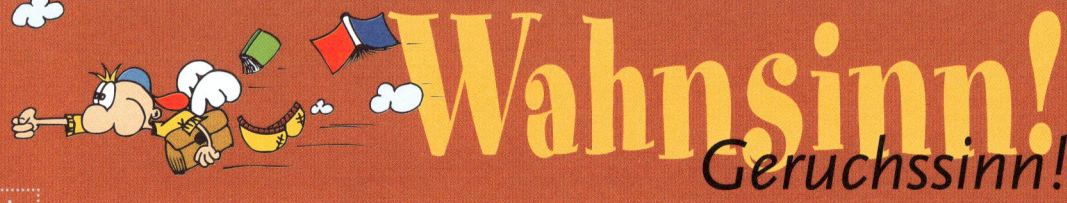

Geruchs Sinn!

sinn-lose Frage: Kann ein Nasenmann besonders gut riechen?

Kennst du sie alle?

Hier findest du noch einmal Sprichwörter und Redewendungen, die du bestimmt schon einmal gehört hast – aber: weißt du auch, was sie bedeuten?

Ganz schön hochnäsig!
Die Nase vorne haben.
Auf die Nase fallen.
Immer der Nase nach!
Den muss man erst mit der Nase drauf stoßen, damit er es merkt.
Sie ist um eine Nasenlänge voraus.
Sie tanzt ihm auf der Nase herum.
Er rümpft die Nase über etwas.
Er hat einen guten Riecher.
Die kann ich nicht riechen!
Den Braten riechen.
Das riecht nach Ärger!
Einen guten Riecher haben.
Ich seh es dir an der Nasenspitze an.
Dem muss man wohl jedes einzelne Wort aus der Nase ziehen?

Wusstest du?
Dass man mit seiner Nase nicht nur Freude haben kann, hat eine Frau in England schmerzlich erfahren:
Sie hatte nämlich einen Niesanfall, der 194 Tage andauerte. Hatschi!
aus: Guiness Buch der Rekorde 1998

Nasen, die nix riechen:

Schneenasen. Das sind kleine Zacken, die am Dach von Häusern in den Alpen montiert sind.

An ihnen bleibt herabgleitender Schnee hängen, damit er dir nicht als Dachlawine auf den Kopf donnert.

Rezept Nr. 5: Bratäpfel

*Weihnachten das ganze Jahr! Wenn der Geruch von Bratäpfeln durch das Haus zieht, erinnert dich das bestimmt an Weihnachten.
Aber wer sagt denn, dass wir die herrlichen Bratäpfel nur im Winter genießen dürfen?*

Dazu brauchst du pro Person:
einen **Apfel** • fünf **Haselnüsse** • fünf **Mandeln** • ein teelöffelgroßes Stück **Butter** • einen Teelöffel **Honig** • eine Prise **Zimt**

Und so geht's:

1. Heize den **Backofen auf ca. 200°**. Bitte einen Erwachsenen, das **Kerngehäuse** aus den noch ganzen, gewaschenen Äpfeln zu schneiden.

2. Stell die Äpfel mit dem Loch nach oben in eine **feuerfeste Auflaufform**.

3. **Fülle in jeden Apfel je fünf Haselnüsse und Mandeln, lege obendrauf die Butter und streue Zimt darüber.** Zum Abschluss lasse den **Honig** in das Loch fließen, das durch die Entfernung des Kerngehäuses entstanden ist.

4. Stelle die Form auf die **mittlere Schiene eures Backofens** (bitte wieder einen Erwachsenen, dir dabei zu helfen), und lass dann das Ganze **20 Minuten braten**.

5. Zwischendurch schnupperst du in eurer Wohnung. Riecht es nicht nach Nikolaus, Advent und Weihnachten?

6. Wenn die Äpfel schön weich sind, bitte deinen Helfer, sie **aus dem Backofen zu holen** und zum **Abkühlen** an einen sicheren Ort zu stellen. Und jetzt brauchst du sie dir eigentlich nur mehr gut **schmecken zu lassen**!

ri(e)ch tig toll!

uner **hör** t! • auf **sehen** erregend! • fan **tast** isch! • **geschmack** voll!

Übrigens:
Beim Niesen braust die Luft mit bis zu 170 km/h aus deiner Nase.
Auf unseren Straßen dürfen die Autos gewöhnlich nur 100 km/h schnell fahren!

Geschmacks Sinn! 81

Einfach tierisch! Wie geht das Riechen bei den Tieren?

Ameisen haben ein eigenes System, um Botschaften über Feinde, das Nest oder ihre Nahrung auszutauschen. Dazu erzeugen sie bestimmte Duftstoffe. Die anderen Ameisen riechen das und wissen: »Schnell, Paul hat einen Leckerbissen gefunden – nix wie hin!«

Jeder Bienenstock hat seinen ganz eigenen Geruch, an dem die **Bienen** erkennen, dass sie zu Hause sind.

Der **Elefant** hat nicht nur die größte Nase, sie ist auch noch besonders fein. Er kann damit Gerüche aus bis zu 1,6 km Entfernung aufnehmen.

Unsere treuen Begleiter, die **Hunde**, haben nicht nur ein sehr gutes Gehör, sondern auch einen **superscharfen Geruchssinn**. Sie haben schon vielen Menschen, die unter einer Lawine oder in einem eingestürzten Haus verschüttet waren, das **Leben gerettet**.

Das Guiness Buch der Rekorde berichtet von einem Dobermann namens Sauer, der 1925 die Fährte eines Viehdiebes **160 km** weit verfolgt hat.

Haie können Blut im Wasser über Kilometer weit riechen. Sehr unangenehm … .

Die Fühler vieler **Käfer** und anderer **Insekten** dienen nicht nur zum Tasten, sondern auch zum Riechen.

Hast du schon einmal eine **Schlange** mit ihrer gespaltenen Zunge »züngeln« gesehen? So kann sie feinste Gerüche aus ihrer Umgebung aufnehmen.

Das **Stinktier** macht sich die feinen Nasen seiner Feinde zu Nutze, indem es sie mit einer entsetzlich stinkenden Flüssigkeit bespritzt und sie so in die Flucht schlägt.

Das **Kleine Nachtpfauenauge** – ein Nachtfalter – riecht seine Freundin noch über eine Entfernung von 11 Kilometern!

Schweineliebe

Trüffel sind eine Spezialität. Und wahnsinnig teuer. Sie kommen nämlich nur sehr selten vor und liegen irgendwo im Waldboden versteckt … .

Schweine sind hervorragende Trüffelsucher. Aber nur weibliche. Daher gehen manche Pilzsammler mit ihren Schweinedamen – Säue – an der Leine in den Wald, um diese kostbarsten aller Pilze zu finden.

Aber die Schweinedamen suchen eigentlich gar keine Trüffel, sondern werden durch deren Geruch in die Irre geführt. Trüffel riechen nämlich wie männliche Schweine – Eber.

Die Schweinedame möchte also eigentlich einen Liebsten finden. Und findet? Trüffel. Na, die wird sich ganz schön bedanken!

Warum die Schweinedame allerdings glaubt, der Eber hätte sich im Boden vergraben, ist nicht ganz klar … .

Wörter Buch

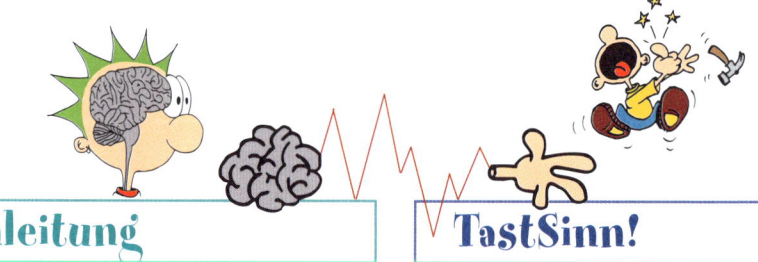

| Einleitung | TastSinn! |

Information
Information steht hier für: Sinnesreiz. Eine Information ist z.B., wenn dir ein Freund **etwas mitteilt**. Also, wenn er dich darüber »informiert«, wie deine Lieblingsfußballmannschaft am Wochenende gespielt hat.

Genau so funktioniert das mit den Sinnen. Sie »informieren« dein Gehirn darüber, was gerade passiert.

Samuel Morse
27. April 1791 - 2. April 1872 (New York, USA)

1833 entwickelte er den ersten **elektromagnetischen Schreibtelegrafen**. Aber erst am 27. Mai 1844 wurde von Washington D.C. nach Baltimore (das sind zwei Städte in den USA) **das erste Telegramm** übermittelt!

Morsezeichen sind kurze und lange Stromimpulse (= **elektrisches Signal**) oder Lichtzeichen.

Telegraf
Ein Telegraf ist ein Gerät zum übermitteln von Morsesignalen.

Blutgefäße
Das sind die **Blutautobahnen**, in denen dein Blut durch den Körper fließt.

Diejenigen, die vom Herzen wegführen, nennt man **Arterien**. Sie versorgen deinen Körper mit Blut. Die Blutgefäße, in denen dein Blut zum Herzen zurückfließt, nennt man **Venen**.

Das Blut kreist durch ungefähr **950 Kilometer** (!) Blutgefäße. Das ist so weit wie die Strecke zwischen Rom und Frankfurt!

Nervenbahnen
Nervenbahnen sind die **Leitungen**, über die dein Körper Informationen (**elektrische Signale**) verschickt.

Dein Gehirn ist über das **Rückenmark** mit **kilometerlangen Nervenbahnen** verbunden.

Es gibt **zwei Arten von Nerven**: Die zuführenden Nerven, die dein Gehirn mit Informationen versorgen. Und die heraustragenden Nerven, die z.B. Befehle vom Gehirn an deine Muskeln übermitteln.

Schwierige Wörter

»Schwierige Wörter?« Die gibt's gar nicht! Wenn du weißt, was sie bedeuten, kannst du damit deine Lehrer und Eltern mächtig beeindrucken!

hinten dran! 83

Die Welt be-greifen: TastSinn!

Konzentration
Das hast du sicher schon erlebt: Du warst so **vertieft in ein Spiel, ein Buch** usw., dass du rundherum gar nichts mehr mitbekommen hast. Du warst also vollkommen auf eine Sache »konzentriert«.

Vibration
nennt man eine **Schwingung**, ein **Beben** oder eine **Erschütterung**.
Im Bild rechts siehst du eine bekannte Vibration, die sich pünktlich jeden Morgen wiederholt.

Wissenschaftler
Ein Wissenschaftler ist ein Mensch, der sich fast ausschließlich mit nur einem Wissensgebiet befasst, z.B. die **Erforschung** neuer Medikamente gegen Schmerzen oder Grippe usw.

Fallen dir andere Beispiele ein, in denen Wissenschaftler forschen?

Rezeptoren
Rezeptoren werden auch **Tastkörperchen** genannt. Das sind **Fühler auf deiner Hautoberfläche**, so genannte Reizempfänger. Sie nehmen Reize von außen wahr.

Wir kennen: Druckfühler, Schmerzfühler, Temperaturfühler, Fühler für Vibration und die Fühler für Berührung.

Rückenmark
ist das **Nervengewebe** in der **Wirbelsäule**.

Reflex
Ein Reflex ist eine **automatisch erfolgende Bewegung** eines deiner Körperteile aufgrund eines Reizes.

Der Reflex wird **von den Nerven (im Rückenmark) ausgelöst**. Das Gehirn braucht sich gar nicht erst einzuschalten. Es ist eine Bewegung, die du ohne nachzudenken ausführst.

Die Reflexe helfen dir dabei, dich schnell **vor einer Gefahr zu schützen** (zu heiß, zu spitz, …).

Wörter Buch

Ich sehe was, was du nicht siehst! SehSinn!

Louis Braille
wurde am 4. Januar 1809 in Coupvray (das ist in Frankreich) geboren. Am 6. Januar 1852 ist er in Paris an Tuberkulose gestorben.

Im Alter von drei Jahren spielte er in der Werkstatt seines Vaters und **verletzte sich** mit einem Werkzeug so schwer, dass er kurz darauf **erblindete**.

Als 12-jähriger hat er die erste Blindenschrift, die aus sechs fühlbaren Punkten bestand, entwickelt. 1825 verbesserte er sie. Die Schrift bestand aus 63 verschiedenen Punktkombinationen und man konnte damit Wörter und sogar Musik ertasten! 1837 entstand dann jene Schrift, die heute noch weltweit genutzt wird!

künstliche Beleuchtung
Es gibt **natürliches Licht** – das Sonnenlicht – und **künstliches Licht**, das **von uns Menschen produziert** wird.

Nicht auszudenken, was wäre, wenn wir keine künstliche Beleuchtung hätten: kein Auto, kein Zug, kein Flugzeug könnte bei Dunkelheit fahren oder fliegen. Wir hätten kein Licht, kein Fernseher würde funktionieren, kein Arzt könnte operieren … .

Fremdkörper
So nennt man Dinge, die da, wo sie gerade sind, normalerweise nicht hingehören (z.B. ein Sandkorn in deinem Auge).

Geißeltierchen

Das sind winzig kleine Tierchen, die es **schon seit Milliarden von Jahren** gibt. Sie sind so klein, dass man die Tierchen **nur durch ein Mikroskop** ansehen kann. Die Geißeltierchen haben ihren Namen von der langen Geißel, einer Art Schwanz, mit dem sie sich **fortbewegen**.

Lebewesen
Dazu gehören wir **Menschen**, die **Tiere** und die **Pflanzen**. Lebewesen können winzig klein sein, aber auch riesengroß.
Die Indianer sind bis heute davon überzeugt, dass auch unser Planet Erde ein Lebewesen ist. Sie gehen deshalb sehr rücksichtsvoll mit der Natur um.

Schwierige Wörter

»Schwierige Wörter?« Die gibt's gar nicht! Wenn du weißt, was sie bedeuten, kannst du damit deine Lehrer und Eltern mächtig beeindrucken!

Leihst du mir mal dein Ohr? HörSinn!

Gebärde

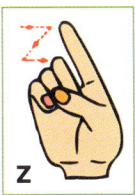

Eine Gebärde ist eine ausdrucksvolle, **sichtbare Bewegung**. Sie wird als **Sprachhilfe** benutzt.

Du hast sicher schon Menschen gesehen, die beim Reden sehr intensiv die Hände gebrauchen. Meist sind das Menschen, die nicht hören können. Für sie sind Gebärden eine ganz normale Sprache.

Geste

Du verwendest täglich (meist ohne es zu bemerken) viele Gesten zur **Verständigung**.
Wenn du z.B. deine Schultern hochziehst, heißt das: »Keine Ahnung!«. Jemandem eine lange Nase zeigen, drückt Schadenfreude aus. Wir winken, tippen uns auf die Stirn oder verwenden sogar eine geheime Zeichensprache. Fallen dir noch weitere Gesten ein?

Echo

Ein Echo ist eine **Schallreflexion**: die Schallwellen prallen an Felsen, Bäumen, Gebäuden usw. ab und kommen wieder zurück. Hast du bei einer Bergtour schon einmal ein Echo gehört?

Kommunikation

bedeutet, dass wir jemandem etwas **mitteilen**, dass wir miteinander **reden** oder uns **Briefe schreiben**, uns etwas **zurufen**, **telefonieren**, **fragen** und **antworten**, uns ein SMS schicken usw.

international

bedeutet: in allen Ländern der Erde. Das Fingeralphabet ist international gültig. Es wird in Italien, Schweden oder Amerika genau gleich benutzt, wie hier bei uns.

national:

nur in unserem Land.

orten

hier: feststellen, woher ein Geräusch kommt; den Ort, von dem es ausgeht, bestimmen. Im Allgemeinen bedeutet orten: **feststellen, wo etwas ist**.

Schiffe auf hoher See können Hindernisse im Meer orten. Sie senden Schallwellen aus, die wie ein Echo zurückgeworfen werden, wenn sie auf ein Hindernis (einen Eisberg etwa) treffen. So kann man auch messen, wie tief das Meer ist.

Wörterbuch
und Quiz-Lösungen

Geruchssinn & Geschmackssinn!

Kultur
Jedes Volk und jedes Zeitalter hat seine eigene Kultur. Alles im täglichen Leben des Menschen ist Teil seiner Kultur.

Dazu gehört z.B. die Art, wie Häuser gebaut sind, die Kleidung und auch die Art, wie der Mensch über bestimmte Dinge (Religion, Gesetze, Natur, ...) denkt.

Aroma
So nennt man einen ausgeprägten (angenehmen) **Geschmack** oder Duft.

Mikroskop
Das Mikroskop ist ein Gerät, mit dem man winzig kleine Gegenstände oder Lebewesen **vergrößern** und ansehen kann. Auch wenn sie so klein sind, dass man sie mit bloßem Auge gar nicht mehr sehen kann.

System
Wenn etwas aus verschiedenen Teilen besteht, die zusammen arbeiten müssen, damit das Ganze funktioniert, nennt man das ein System.

Das kann z.B. der Motor eines Autos sein, oder dein Gehirn (ein sehr kompliziertes System!).

Gourmet
Ein Gourmet ist ein Kenner und **Genießer** von feinen Speisen und Getränken. Bist du beim **Essen** und **Trinken** ein Gourmet?

Molekül
Moleküle sind ganz kleine Teilchen (du kannst sie nur mit einem sehr starken Mikroskop erkennen).

Alles in unserer Welt ist aus Molekülen zusammengesetzt. Wie bei einem riesigen Puzzle.

Schwierige Wörter

»Schwierige Wörter?« Die gibt's gar nicht! Wenn du weißt, was sie bedeuten, kannst du damit deine Lehrer und Eltern mächtig beeindrucken!

Quiz-Lösungen

Tast-Quiz (S. 24f)

1.
1. r • 2. r • 3. f • 4. f • 5. r
6. f • 7. f • 8. r • 9. f

4.
Druck • Vibration • Schmerz
Temperatur • Berührung

6.
rau • schwer • weich • nass
kalt • warm • spitz • glatt
leicht • hart

7.
1. im Bauch der Mutter
2. ein Nahsinn
3. die meisten Tastkörper

Seh-Quiz (S. 42f)

1.
1. r • 2. r • 3. f • 4. f
5. r • 6. f • 7. f

5.
1. ... sichtig
2. Tastsinn
3. Fernsinn
4. Gehirn
5. Euglena
6. sehen
Lösung: **Sterne**

6.
1. Grautöne, Hell und Dunkel
2. Farbensehen

Hör-Quiz (S. 58f)

1.
1. f • 2. r • 3. f • 4. f • 5. r

3. b, d

7. das Trommelfell

Riech-Schmeck-Quiz (S. 76f)

1.
1. r • 2. f • 3. f • 4. r • 5. f
6. f • 7. f • 8. f • 9. r

2. Feinriecher

3. Rauch • Gasgeruch • Schimmel
Aasgeruch • Autoabgase

Gern-Lern-ABC
Das große Rasselbande-

Dein Gehirn: Her mit Information!

Erinnerst du dich noch, wie Informationen in deinem Körper weitergeleitet werden? Genau. Sie wandern erst einmal über Nervenbahnen in dein Gehirn. Das geht so:

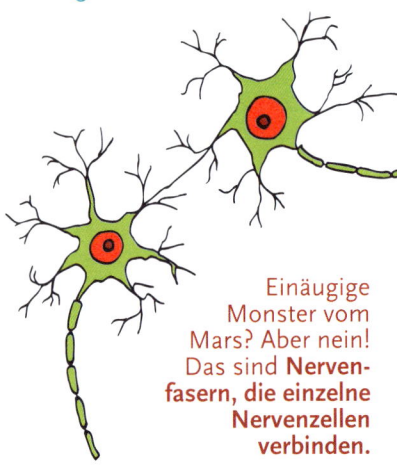

Einäugige Monster vom Mars? Aber nein! Das sind **Nervenfasern, die einzelne Nervenzellen verbinden.**

Über diese Fasern werden die Informationen weitergeleitet (wie Morsezeichen – S.10f).

Wusstest du? Würde man aus allen Nervenfasern, die in deinem Körper sind, einen langen Faden knüpfen, wie lang wäre dieser Faden? Der Faden würde weiter reichen, als von der Erde bis zum Mond!!! Daher kommt auch das Sprichwort: »Jemand hat eine lange Leitung.«

A • »Ärger-wegwerfen«

An manchen Tagen geht einfach alles schief! Du bist müde und magst nicht in die Schule. Die Milch fürs Müsli ist aus und das Brot ist steinhart. Stress mit den Eltern. Ärger in der Schule.

Mit so viel Ärger im Kopf kann kein Mensch lernen! Der Ärger blockiert nämlich die Leitungen, auf denen das Wissen durch dein Hirn braust.

Der Trick: Wirf den Ärger einfach weg! Das geht so: Atme tief ein und stell dir beim Ausatmen vor, wie dein ganzer Ärger über die Arme in die Fingerspitzen wandert.

Und jetzt: Hände ganz fest schütteln! Raus mit dem ganzen Ärger! Stell dir vor wie er durch die Gegend fliegt – wupps! – und mit lautem »Platsch!!!« an die Wand klatscht! Und nochmal: »Platsch!« Na, das fühlt sich doch besser an, nicht?

B • Belohne dich!

Lernen ist Schwerarbeit für dein Gehirn. Und wer schwer arbeitet, der will auch richtig belohnt werden. Dann macht das Arbeiten doppelt Spaß!

Womit du dich belohnst, hängt natürlich davon ab, wieviel du geschafft hast. Das Wichtigste ist aber, dass du dich **am Ende deiner Arbeit auf etwas freuen kannst!**

C • Müde? »Gähne wie Cäsar und du bist fit!«

Hast du schon mal einer Katze beim Gähnen zugeschaut? Da gähnt die ganze Katze! Vom Schnurrbart bis zur Schwanzspitze.

Wenn du beim Lernen müde wirst, dann stelle dir einfach Cäsar, den dicken Kater vor: Streck dich nach allen Richtungen, so weit es geht, biege den Rücken durch, streck die Hände aus und gähne richtig laut! Warum das wirkt? Ganz einfach: Gähnen bringt frische Luft in dein Gehirn und du bist wieder topfit!

D • »Durchhalten - hier wird nicht aufgegeben!!«

An manchen Tagen will die Zeit beim Lernen einfach nicht vergehen. Du wünschst dir, dass eine Fee dich erlöst. Aber: Aufgegeben wird nicht!!!

Wenn du dir etwas vorgenommen hast, dann solltest du es zu Ende bringen. Es ist nämlich ein ganz tolles Gefühl, wenn man sich überwindet und etwas Schwieriges geschafft hat!

Nicht zu viel auf einmal! Teile dir den Stoff in kleine Portionen, die du dir **Stück für Stück** vornimmst. Und dann: Belohnung nicht vergessen!

Willkommen beim Gern-Lern-ABC!

Hier erfährst du, wie das Lernen einfacher wird und besser gelingt; was du tun kannst, wenn du mal lustlos bist; wieso Fehler erlaubt sind; wie du dir den Lernstoff besser merken kannst; ... und: wie dein Gehirn (optimal) funktioniert und was du selber dazu tun kannst.

hinten dran! **89**

E • »Entspanne dich«

Dein Gehirn vollbringt beim Lernen Höchstleistungen – und braucht auch mal Entspannungspausen. Aber setz dich in diesen Pausen bloß nicht vor den Fernseher! Das strengt Augen und Hirn noch mehr an! Danach bist du völlig schlapp und lustlos.

Mach dir lieber Fernsehen im Kopf: Reise in ein Land, in dem Schüler ihre Lehrer unterrichten oder erfinde eine Denk-Lern-Maschine
oder streck dich lang wie eine Giraffe
oder räkel dich genüsslich wie Cäsar, der fette Kater
oder gähne laut und schneide dabei wilde Grimassen
oder ... fällt dir selber etwas ein?

Nach so einer Pause bist du entspannt und erholt!

F • Fehler gehören dazu!

Es gibt auf der ganzen Welt keinen Menschen, der keine Fehler macht. Fehler gehören zu uns. **Durch sie lernen wir viele Dinge. »Durch Fehler wird man tatsächlich klug!«**

Sei also nicht zu streng zu dir, wenn dir einmal ein Fehler passiert. Betrachte ihn als Freund, der dir sagen will: »Hey, versuch´s nochmal anders! Das nächste Mal klappt´s bestimmt!«

G • Gehen bringt dich in Schwung

Noch ein ganzes Kapitel ist zu lesen, aber du fühlst dich kribbelig wie auf einem Ameisenhaufen? Hör auf deinen Körper! Wenn er nicht sitzen will, dann mach' einen Lernspaziergang. Wie das geht? Ganz einfach:

Nimm dein Buch und spaziere langsam und gemütlich durch dein Zimmer. Lies das Kapitel dabei mindestens zweimal durch. Dein Gehirn arbeitet toll, wenn du dich bewegst. Du wirst staunen!

H • »Hört, hört!«

Fertig! Die ganze Seite gelesen! Und – kannst du Alles? Nein? Du hast wichtige Dinge »überlesen«? Dann probier' mal den Rasselbandentrick:

Schnapp dir deinen Teddy, deinen Hamster, den Goldfisch oder deinen Hund und lies ihm die Seite laut vor!

Stimmt, das ist anfangs bestimmt komisch. Aber du gewöhnst dich schnell daran. Und du wirst sehen, dass du dir jetzt viel mehr merken kannst. **So wirst du nämlich nichts auslassen. Und wichtige Stellen liest du eben zweimal vor, damit dein Zuhörer es auch wirklich versteht.**

Wetten, dass du am nächsten Tag in der Schule den Stoff kannst? Und dein Hamster ebenfalls ... .

Dein Gehirn: Wasser marsch! Öle deine Nervenleitungen!

*Die Nervenfasern sind aber nicht direkt miteinander verbunden – zwischen ihnen sind **winzige Spalten**.*

*Jede einzelne Information muss über Millionen solcher Spalten hüpfen. Dabei kann eine **Botschaft** schon mal **hängenbleiben** (genau das passiert, wenn dir beim Test plötzlich nichts mehr einfällt!).*

Informationen, die von einer Nervenfaser zur nächsten hüpfen.

*Natürlich können die Informationen nur dann schnell und **fehlerfrei** hüpfen, wenn deine Nervenbahnen gereinigt und geschmiert sind!*

***Der Trick: Wasser trinken. Ganz normales, klares Leitungswasser.** Wasser reinigt und »schmiert« deine Nervenbahnen ganz hervorragend!*

Gern-Lern-ABC
Das große Rasselbande-

Dein Gehirn: 1 Hirn - 2 Hälften

Dein Gehirn sieht aus wie zwei Walnusshälften, die mit vielen Fäden miteinander verbunden sind. Die beiden Hälften haben ganz verschiedene Aufgaben.

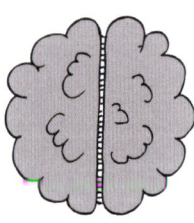

Die linke Hälfte denkt und spricht in Worten und Zahlen. Sie beschäftigt sich mit Daten, mit Buchstaben und Sprache, mit Rechnen und Regeln.

Die rechte Hälfte denkt und spricht in Bildern. Sie ist zuständig fürs Zeichnen und Musizieren, für Fantasie, für Tagträume und für Entspannung.

I • »Information bitte!«

Gehts dir manchmal so wie Chrissi?: morgens noch ganz schnell zu Mama oder Papa laufen und Zettel unterschreiben lassen? Oder entdecken: Hilfe! Morgen ist Schularbeit!

Mach' doch Folgendes (Chrissi hat das auch geholfen): **Besorge dir ein Heft, in das du alles Wichtige einträgst:** Schularbeitentermine, fällige Unterschriften, Ausflüge, ... Vereinbare mit deinen Eltern eine feste Zeit (am besten täglich), in der ihr alle Informationen gemeinsam durchgeht.

Du bist immer am Laufenden und das blöde Gefühl, etwas Wichtiges vergessen zu haben, verschwindet auch!

K • Kraftstoff

Es ist schon erstaunlich, was dein Körper alles kann! Laufen, turnen, hüpfen, denken, spielen, lernen, Fahrrad lenken, ... Dazu braucht er natürlich den **richtigen Kraftstoff!**

Das beginnt mit einem feinen Frühstück: Ein Stück **Vollkornbrot mit Marmelade oder Käse, eine Tasse Tee** und schon läuft dein Motor auf Hochtouren! Nachtanken am Vormittag: **ein Stück Obst** wirkt Wunder! Und vergiss nicht, ausreichend zu trinken! Das ölt deine Denkleitungen!

L • »Lach dem Ärger eins!«

Null Lust, eine Hausaufgabe zu machen oder auf einen Test zu lernen? Dann mach es wie Ben: **lächle!** Das hilft wirklich! Mit einem Lachen geht vieles leichter – auch das Lernen.

Und wenn es gar nicht klappen will, dann übst du halt: 3 Minuten lang vor dem Spiegel wilde Grimassen schneiden und breit grinsen. Spätestens nach einer Minute wirst du so über dich selber lachen, dass dir gar nichts mehr übrig bleibt, als fröhlich zu sein!

M • Mut-mach-Satz

Bist du sehr nervös vor Prüfungen oder Tests? **Dann brauchst du deinen persönlichen »Mut-mach-Satz«!**

Ben hat auch einen. Die anderen haben anfangs gelacht, wenn er vor sich hingeflüstert hat: »Wenn ich es schaffen **will**, dann schaffe ich es, das weiß ich!« Aber dann haben sie verstanden und jetzt hat jeder seinen **eigenen, geheimen Mut-mach-Satz.**

Bestimmt fällt dir auch ein Satz ein, der genau zu dir passt und der dir besonders viel Mut macht. Diesen Mut-Mach-Satz sagst du dir dann mehrmals am Tag (am besten laut) vor.

Lerntipp: Mach mal Pause!

Mache am besten alle 20 bis 25 Minuten eine Denkpause. Weg von den Büchern! Die erste Pause sollte etwa 5 Minuten dauern, die zweite 10, die dritte 15 Minuten, … . Das hilft deinem Gehirn beim Erholen!

N • schlechte Note

Ein »Nicht Genügend« in der Deutsch-Schularbeit? Beim Rechentest nichts gewusst? Das kann passieren. Lass dich dadurch bloß nicht entmutigen!

Gute oder schlechte Noten sagen nicht: »Du bist aber schlau!« oder »Mein Gott, bist du dumm!«. Eine Note sagt dir nur: »Das kannst du schon richtig gut!« oder: »Das solltest du nochmal üben, dann klappt es das nächste Mal bestimmt!« Lass dich niemals entmutigen! Einfach nochmal ran an das Buch!

O • Organisation ist alles

Die Schulglocke läutet! Na endlich! Nix wie weg! Wenn da nicht die Hausaufgaben für den nächsten Tag wären! Und Lernen für den Test und eigentlich wolltest du ja ins Kino und … !

Da ist organisatorisches Talent gefragt: Mach dir einen Plan und teile deine Zeit genau ein. Rechne ein wenig mehr Zeit ein, als du benötigen wirst, dann kommst du nie in Zeitdruck. Wenn du dich an deinen Plan hältst, und alles erledigst, dann kannst du deine freie Zeit so richtig genießen. Ohne schlechtes Gewissen!

P • Platz da!

Ungespitzte Bleistifte, vergammelte Pausenbrote, Steine, Kastanien, angebissene Äpfel, Taschentücher, Murmeln, alte Socken … . Brrrr! Zwischen all diesen Dingen kann kein Mensch vernünftig seine Aufgaben erledigen (oder Lernen!). Also: Aufräumen ist angesagt! Wenn dein Schreibtisch aufgeräumt ist, dann ist auch dein Gehirn aufgeräumt.

Q • Quiz: spielend lernen

Lernen ist langweilig? Der Professor kennt einen Trick: Mach' das Lernen zu einem Spiel! Schreibe Vokabeln, Formeln, Rechenaufgaben, Fragen usw. auf kleine Kärtchen. Auf die Rückseite kommen die Antworten/Lösungen.

Jetzt geht's los!: Setz dich mit einem Mitschüler zusammen – jeder bekommt 5 Kärtchen. Jetzt fragt euch gegenseitig ab. Wer die Antwort weiß, bekommt das Kärtchen.

Ist die Antwort falsch, kommt das Kärtchen wieder zurück in den Stapel und wird später nochmal abgefragt. Der Stapel wird kleiner, das Wissen in deinem Kopf wird größer!

R • Rubbeln!

Was tun, wenn dir bei einem Aufsatz absolut nichts einfallen will? Das ist der richtige Moment, um deine Ohren mal so richtig zu bearbeiten. Richtig gelesen! Deine Ohren!

Ziehe deine Ohren leicht nach hinten und massiere sie nun von ganz oben in kleinen kreisenden Bewegungen langsam nach unten zu den Ohrläppchen. Mach das drei Mal ganz sanft, danach fühlst du dich wieder wach und fit!

Dein Gehirn: links und rechts

Damit du Lesen, Denken oder Lernen kannst, müssen beide Gehirnhälften optimal zusamenarbeiten!

Die linke Hälfte ist zuständig für Details (einzelne Teile). Die rechte Hälfte erkennt das Ganze (aber keine Details).

Stell dir vor, du liest ein Buch: deine linke Gehirnhälfte sorgt dafür, dass du die Buchstaben lesen kannst. Sie erkennt einzelne Wörter und gibt ihnen Sinn (Details).

Die rechte Hälfte liefert dir einen »inneren Film« der ganzen Geschichte (das Ganze), kann aber keine einzelnen Wörter erkennen.

Sinn ergibt das Ganze also erst, wenn du die Informationen von beiden Gehirnhälften erhältst. Und wenn sie wirklich gut zusammenarbeiten. Sonst wird Lernen sehr anstrengend!

Gern-Lern-ABC
Das große Rasselbande-

Dein Gehirn: falsch verbunden – richtig verbunden

*Die **Zusammenarbeit zwischen Links und Rechts** funktioniert über viele Verbindungsdrähte, wie in einem riesigen Telefonnetz. Manchmal ist aber die Leitung gestört:*

Das merkst du daran, dass du Angst hast oder Stress verspürst, dass dir bei einer Prüfung dein Kopf wie leergefegt ist, dass dir einfach nix gelingt.

***Nur wenn die Leitungen funktionieren, kannst du gut lernen.** Ist die Telefonleitung gestört, **geht gar nix mehr ...** . **Wie du selber dafür sorgen kannst, dass deine Leitungen bestens funktionieren, zeigt dir das **Lern-ABC**! Viel Spaß!*

Wusstest du? In deinem Gehirn sind etwa 10 Milliarden (= 10.000.000.000!!!) Nervenzellen, die ständig Informationen austauschen. Das ist fast doppelt so viel, wie Menschen auf der Erde leben!

S • Schaufensterbummel

Stell dir das Schaufenster von deinem Lieblingsgeschäft vor. Bestimmt ist es schön bunt und es macht richtig Spaß, davor zu stehen und zu gucken.

Mit deinem Heft kannst du es genau so machen: **Jede neue Seite ist ein leeres Schaufenster**. Das gestaltest du jetzt so, dass du gerne hinschaust. Mit verschiedenen Farben kannst du Ordnung in die Seite bringen. Nimm Buntstifte zum Schreiben und Unterstreichen, dann freut sich dein Auge und dein Gehirn kann sich Dinge leichter merken.

T • der »Trampelpfad« macht Wissen haltbar

Stell dir vor, du spazierst durch eine Wiese: hinter dir sind kurz deine Fußabdrücke zu sehen, aber bald richtet sich das Gras wieder auf und alles ist wie vorher.

Genauso ist es in deinem Gehirn. Wenn du etwas Schwieriges liest, hinterlässt es kurz eine Spur und verschwindet wieder. Um es dauerhaft zu speichern, musst du einen richtigen **Trampelpfad in deinem Kopf** anlegen.

Das heißt: den Lernstoff **wiederholen**. Wiederholen bedeutet: **du holst es dir wieder**. Also hol dir den Stoff ein paar Mal wieder, dann wird sich der Trampelpfad bilden. So tief, als wäre eine Horde Elefanten drüber gelaufen. **Jetzt ist alles gespeichert!**

U • Stell die Uhr!

Du hast einen wichtigen Beruf: Du bist von Beruf Schüler (Schülerin). Dafür sind bestimmte Zeiten am Tag reserviert. Und du brauchst natürlich auch Freizeit (wie jeder Berufstätige)!

Das geht ganz einfach, wenn du dir **Lernzeiten einteilst**. Die müssen nicht jeden Tag gleich sein, aber du solltest genau festlegen, von wann bis wann du am Nachmittag lernst. Und jetzt das Wichtigste: Stell dir einen Wecker. Bis er klingelt, lernst du konzentriert (ohne zu murren!). Und dann: ist Freizeit!

V • Verstehen ist besser als auswendig lernen

Natürlich kannst du Lernstoff auch auswendig lernen. Aber das ist furchtbar langweilig und dauert lange. Außerdem kann dein Gehirn auswendig gelernten Stoff nicht richtig einordnen. Deshalb er macht sich sofort wieder aus dem Staub!

Geh dem Lernstoff auf den Grund: Stell dir vor, du bist ein Detektiv, der gerade einen schwierigen Fall löst. Welche Fragen würde der sich stellen? »Was genau bedeutet das? Wie geht das? Wofür ist das gut?«

Setz dich mit dem Lernstoff auseinander, denk dir Geschichten dazu aus, zeichne ihn auf, sei ein **Lerndetektiv**! So macht das Lernen Spaß und: du merkst dir viel mehr!

»J« und »X« – da haben wir nix!

Wir gebens ja zu: zu den Buchstaben »J« und »X« ist der Rasselbande nichts eingefallen. Aber vielleicht weißt du etwas? Hast du einen Gern-Lern-Tipp für den Professor und die Bande? Sie freuen sich bestimmt!

hinten dran! 93

Du möchtest mehr über dein Gehirn und wie du optimal lernen kannst, erfahren? Bitte sehr!

W • »Ich will!!!«

Bine hüpft fröhlich vor Ben herum. »Hey! Kommst du mit zum Spielen in den Wald?« »Kann nicht«, murrt Ben, »ich muss noch lernen.«

Gar nicht fein: Alle anderen haben schon Zeit raus zu gehen, und du musst noch büffeln.

Aber was heißt da: **du musst?** Eigentlich willst du ja einmal

....

werden (was ist dein Traumberuf?).

Aha. Aber damit du das tun kannst, musst du vorher lernen. Halt! Denkfehler! Eigenlich könntest du das »ich muss« jetzt durch »ich will« ersetzen, nicht wahr?

Stell dich hin und sag ganz laut: »Ich will ganz viel lernen, damit ich

....

werden kann. Das ist nämlich mein Traumberuf!« Schon fühlt es sich besser an, am Schreibtisch zu sitzen.

Probier es einfach aus – tut bestimmt nicht weh! Ben macht das immer so. Und es klappt!

Y • Yoga: wirkt Wunder!

Du kannst nicht ruhig sitzen, hast das Gefühl, dass 1.000 Ameisen in deiner Hose krabbeln?

Dann probier' es mal mit Yoga! Das sind Übungen, die dir helfen, ruhiger zu werden und dich besser zu konzentrieren. Erkundige dich bei der Volkshochschule, oder bitte deine Eltern, mit dir einen Yogakurs zu besuchen. Das wirkt Wunder!

Z • Zettelchen: automatisch lernen

Automatisch lernen, ganz von selbst? Der Professor sagt dir, wie's geht:

Schreibe Dinge, die du zu lernen hast (besonders die, die du dir nicht merken kannst!), auf kleine Klebezettelchen und verteile sie gut sichtbar in der ganzen Wohnung: an alle Orte, an denen du dich öfter aufhältst: dein Zimmer, Küche, rund um den Fernseher, Badezimmer, … .

Immer wenn du vorbeigehst, wirfst du einen Blick darauf. Was du schon kannst, tauschst du gegen neue Zettel aus. So lernst du automatisch!

Buch:

L. Mayer-Skumanz • I. Heringer • A. Heringer
Löwen gähnen niemals leise
Wie Lernen leicht gelingt. Geschichten, Tipps und Übungen für Kinder.

Internet:

www.schrittinsalter.at
Das **Lern-ABC** im Internet – noch ausführlicher!

www.aolverlag.de
Interessante Bücher, Hefte, Tonträger, CD-ROMs für den Unterricht, für zu Hause und für Selbstlerner. Zentrales Element bildet die äußerst sinnvolle **(Selbst-)Lernkartei.**

www.netschool.de
Alles rund ums Lernen! Mit vielen Infos und Links, Chatroom, Übersicht zu Stoffgebieten zum »Denken, Lernen und Selbstlernen«. Für Schüler, Eltern und Lehrer!

Das Projekt
»Ein Schritt ins Alter«

Ein Schritt
Komm, wir

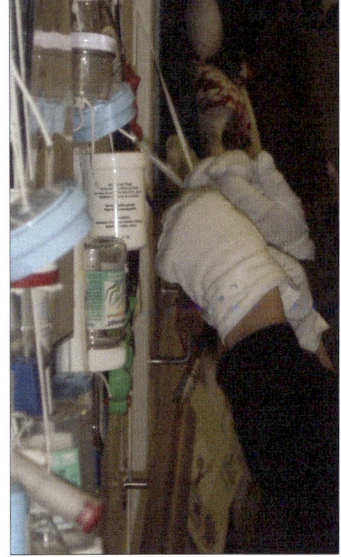

Schrauben, drehen, klappen ... Verschlüsse im Alltag – gar nicht so einfach als »alte Herrschaften«.

Eine kleine Herausforderung: die Busfahrt als gealterte Damen und Herren.

Das vorliegende Buch »Das macht Sinn!« ist im Rahmen des gesundheitspräventiven, geragogischen Projektes »**Ein Schritt ins Alter**« an der Landesklinik für Geriatrie in Salzburg entstanden.

Das Projekt schlägt eine Brücke zwischen den beiden weitest voneinander liegenden Generationen und schafft **Verständnis für die Lebenslage und Bedürfnisse** des Anderen.

Spielerisch und mit viel Spaß lernen Schüler an einem Workshop-Nachmittag in der Geriatrie, dass **nicht das Alter uns Menschen behindert, sondern vielmehr wir Menschen das Alter.**
An **fünf spannenden Stationen** erleben sie – durch speziell entwickelte Simulationen selbst gealtert – das Alter hautnah.
Die Kinder erkennen, dass dieser Lebensabschnitt hohe Lebensqualität birgt, und dass Alter keineswegs mit Krankheit oder Behinderung gleichzusetzen ist.

Sie entdecken allerdings auch, dass diese Lebensqualität durch eine meist unwissend, oftmals sogar ignorant gestaltete Umwelt eingeschränkt und so **künstlich Hilfsbedürftigkeit geschaffen** wird.

Die Kinder lernen, »**Fallen und Stolpersteine**« zu enttarnen und erarbeiten spielerisch Kriterien für Barrierefreiheit und Benutzerfreundlichkeit. So entwickeln sie **Visionen für eine lebenswerte Zukunft für alle Generationen.**

Sehen – ein kleines Wunder!

Na? Hat's Spaß gemacht?

Die Rasselbande »On Tour«

works! Alles wird gut!

*Wo kämen wir hin, wenn jeder nur sagte: »Wo kämen wir hin?«
und keiner ginge, um zu sehen, wohin wir kämen, wenn wir gingen?*

hinten dran! 95

ins Alter
machen eine Zeitreise!

Die Schüler erarbeiten ein Verständnis für das **Wir** unserer Gesellschaft und erkennen ihre Verantwortung für die verschiedenen Teile dieses komplexen Gebildes.

So ausgerüstet werden sie einmal – als die »**Baumeister der Welt von morgen**« – in der Lage sein, eine Welt zu gestalten, die **Lebensqualität und Sicherheit für alle Generation birgt**. Ohne Stolpersteine und Fallen – mit Produkten für Jung und Alt. Eine Umwelt, die die Selbstständigkeit bis ins hohe Alter ermöglicht.

Dass nicht der Projektbesuch alleine, und auch nicht dieses Buch alleine das volle Bewusstsein für die nötigen Veränderungen schaffen kann, ist uns klar.

Aber das Feedback von 2.000 Schülern mit ihren Lehrern zeigt uns: Es ist ein notwendiger Beginn.

Projektbesuch und Buch ermöglichen eine andere, neue Sichtweise und schaffen so eine Basis, auf der eine weitere Auseinandersetzung mit dem Thema stattfinden kann.

Weitere Informationen zum Projekt »Ein Schritt ins Alter« findest du unter:

www.schrittinsalter.at
e-mail: office@schrittinsalter.at
Tel.: +43 – 662 – 840 281

*die **Hörstation**:
Willst du einmal »mit alten Ohren« hören?*

*Kinderkonferenz:
Wir wissen, was man besser machen kann … .*

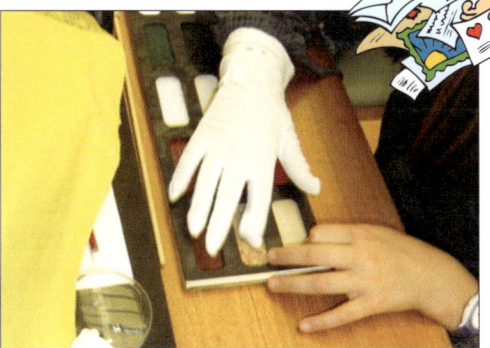

*Wie denn?
Der Tastsinn kann auch alt werden?*

*Gehsteigkanten, Unebenheiten, Treppen …
Wer findet **Stolpersteine und Fallen**?*

Wie war das? Der Hörsinn kann auch alt werden?

Rosenberg, Marshall B.
Gewaltfreie Kommunikation
Aufrichtig und einfühlsam miteinander sprechen

€ (D) 18,– • sfr 31,90
€ (A) 18,50 • 216 S., kart.
ISBN 3–87387–454–7

Neue Wege in der Mediation und im Umgang mit Konflikten:
Wenn wir die Gewaltfreie Kommunikation in unseren Interaktionen anwenden, ob mit uns selbst, mit einem anderen Menschen oder in einer Gruppe, kommen wir an eine Tür, die auf allen Ebenen der Kommunikation, in allen Altersklassen und in den unterschiedlichsten Situationen im Beruf, im Privatleben und auf dem politischen Parkett erfolgreich geöffnet werden kann.

40.000 verkaufte Exemplare! Bestseller!

Dießner, Helmar
Reisen ins Abenteuerland
Phantasiereisen für Erwachsene, Kinder und Jugendliche

€ (D) 9,80 • sfr 18,–
€ (A) 10,10 • 120 S., kart.
ISBN 3–87387–536–5

Der Reisebegleiter Balthasar entführt den Leser mit seiner Phantasie z.B. nach London, ins Legoland, in den Zoo, nach Südflorida oder nach Köln zur »Sendung mit der Maus« ... .
Die Flügel der eigenen Phantasie werden belebt, und das hat positive Auswirkungen:

Die Abenteuerreisen führen zu körperlicher und seelischer **Gelöstheit**, zu mehr **Widerstandskraft**, einem bewussten Erleben von **Gesundheit** und zu mehr **Lebensfreude**.

Birkenbihl, Vera F.
Warum wir andere in die Pfanne hauen ...
... und wie wir lernen können, dies zu vermeiden

€ (D) 9,90 • sfr 18,10
€ (A) 10,20 • 112 S., kart.
ISBN 3–87387–535–7

Wer hat sich noch nicht über Menschen geärgert, die einen so richtig »in die Pfanne gehauen haben«: der neidische Kollege, eine rachsüchtige Freundin, ein unangenehmer Nachbar ... die Liste ist lang. Und wer erinnert sich nicht daran, wo man es anderen »so richtig gegeben« hat?

Warum wir das tun, erklärt Vera F. Birkenbihl in bekannt humorvoller Weise in diesem Buch. Sie zeigt **eine Vielzahl von Strategien, auf kreative Weise mit Angriffen von anderen umzugehen**. Und: »Denken Sie daran: Niemand hat die Macht, Sie zu ärgern, wenn Sie nicht mitspielen!«

Armstrong, Thomas
Das Märchen vom ADHS-Kind

€ (D) 22,50; sfr 39,80;
€ (A) 23,20 • 320 S., kart.
ISBN 3-87387-494-6

50 sanfte Möglichkeiten, das Verhalten Ihres Kindes zu verbessern – ohne Zwang und ohne Pharmaka

Zu den vom Autor empfohlenen fünfzig »drogenfreien« Strategien zur Überwindung der Aufmerksamkeits- und Verhaltensprobleme von Kindern zählen u.a. **Maßnahmen zur Stärkung der Selbstachtung und zur optimalen Förderung von Vitalität und Kreativität**. Außerdem enthält sein Buch **Checklisten**, mit deren Hilfe Leser die für ein bestimmtes Kind besten Interventionen finden können.

McKay, Matthew & Fanning, Patrick & Honeychurch, Carole
Selbstwert – die beste Investition Ihres Lebens

€ (D) 15,50, sfr 27,70;
€ (A) 16,– • 176 S., kart.
ISBN 3–87387–432–6

So entwickeln Sie Selbstwertgefühl – Schritt für Schritt ... zu mehr Lebensqualität. **Ein Trainingsbuch.**

Der Trainingsplan für besseres Selbstwertgefühl. Denken Sie positiv, lernen Sie, sich selbst zu mögen – und gewinnen Sie so mehr Lebensqualität!

Rhode, Rudi & Meis, Mona Sabine & Bongartz, Ralf
Angriff ist die schlechteste Verteidigung • Der Weg zur kooperativen Konfliktbewältigung

€ (D) 18,–; sfr 31,90;
€ (A) 18,50 • 176 S., kart.
ISBN 3–87387–542–X

Die Autoren haben ein leidenschaftliches Plädoyer für eine Streitkultur verfaßt, in der Durchsetzungsfähigkeit verbunden wird mit Wertschätzung dem Konfliktpartner gegenüber – entgegen dem Trend der Ellenbogen-Gesellschaft, die Konflikt zunehmend als »Kampf aller gegen alle« begreift. Den Autoren ist es hervorragend gelungen, einen **Ansatz zur konstruktiven Konfliktbewältigung** vorzustellen, der nicht nur **leicht verständlich und praxisorientiert** ist, sondern zugleich die verbale mit der nonverbalen Konfliktebene verbindet.

Roggendorf, Gisela
Kann Bildung schaden?
Ein Plädoyer für bessere Schulen und mehr Chancengleichheit für Kinder

€ (D) 19,50; sfr 34,30;
€ (A) 20,10 • 216 S., kart.
ISBN 3–87387–551–9

Der Amoklauf von Erfurt hat uns noch mehr aufgeschreckt als die PISA-Studie, denn hieran wird deutlich, dass mit unserem Schulsystem einiges im Argen liegt.
Die Schülerinnen und Schüler sind den Anforderungen ihres Lebens nicht gewachsen.

Es gibt jedoch Alternativen: **neue schulische Methoden, die teilweise schon erfolgreich erprobt wurden, auch in staatlichen Schulen – und oft nur wenig oder gar nichts kosten!** Diese Hoffnung machenden Alternativen aufzuzeigen, ist Anliegen dieses Buches.

Russell, Roger
Dem Schmerz den Rücken kehren

€ (D) 20,50; sfr 36,–;
€ (A) 21,10 • 200 S., kart.
ISBN 3–87387–537–3

Die kluge Lösung für Rückenschmerzen. Die Feldenkrais-Methode in der Praxis.
Auf originelle und unterhaltsame Art führt Sie der international anerkannte Feldenkrais-Ausbilder, Bewegungswissenschaftler und Physiotherapeut Roger Russell durch die Naturgeschichte des Rückens. Er beschreibt das »Kreuz« unserer Zeit und **bietet praktische Lösungen für Ihre Gesundheit und Lebensqualität** an. Die dargestellten Lektionen laden zum Ausprobieren ein.

JUNFERMANN — Coaching fürs Leben — www.junfermann.de